www.ingramcontent.com/pod-product-compliance
Lightning Source LLC
LaVergne TN
LVHW051119051026
849532LV00004BB/1597
* 9 7 8 8 1 1 9 0 2 2 9 7 7 *

روحِ عصر

(مضامین)

مصنف:

ڈاکٹر محمد ناظم علی

Rooh-e-Asr *(Essays)*
by: Dr Mohd Nazim Ali
Edition: April '2023
Publisher & Printer:
Taemeer Publications, Hyderabad. India.

ISBN 978-81-19022-97-7

کتاب	:	**روحِ عصر**
مصنف	:	**ڈاکٹر محمد ناظم علی**
صنف	:	نثری مضامین
ناشر	:	تعمیر پبلی کیشنز (حیدرآباد، انڈیا)
زیر اہتمام	:	تعمیر ویب ڈیولپمنٹ، حیدرآباد
سالِ اشاعت	:	۲۰۲۳ء
تعداد	:	(پرنٹ آن ڈیمانڈ)
صفحات	:	۱۰۸
کمپوزنگ	:	حافظ محمد وجیہہ اللہ سبحانی، حیدرآباد، فون: +919849068856
ملنے کے پتے	:	ڈاکٹر محمد ناظم علی، فون: +919603018825
		ہمالیہ بک ڈپو، نامپلی، حیدرآباد
		ھدیٰ بک ڈپو، پرانی حویلی، حیدرآباد

انتساب

اردو میڈیم طلبہ کے نام

جواُردو کی آخری امید ہیں

اور جنکے دم سے اردو باقی رہیگی

فہرست

پیش لفظ

اللہ نے ہر انسان کو با مقصد ہی پیدا کیا ہے۔ لیکن اکثر لوگ اپنی ساری زندگی یونہی بے مقصد گزار کر اس دنیا سے گمنام چلے جاتے ہیں۔ بعض لوگ اس مقصد کی تکمیل میں زندگی بھر لگے رہتے ہیں اور اپنے نقوش چھوڑ جاتے ہیں۔ جناب محمد ناظم علی کا شمار ان خوش نصیبوں میں ہوتا ہے جو اس مقصد کو سمجھ کر اپنی عمر کی ہر گھڑی کو اس کی تکمیل کے لیے وقف کرتے ہیں۔ ناظم علی صاحب کی زندگی کا مقصد پڑھنا اور پڑھانا ہے۔ آپ پیشے کے اعتبار سے ایک قابل معلم ہیں۔ گری راج گورنمنٹ ڈگری کالج نظام آباد میں اردو کے لکچرر ہیں۔ پڑھانا کوئی آسان عمل نہیں اس کے لیے خود کو بھی پڑھنا پڑتا ہے۔ چنانچہ ناظم علی صاحب پہلے وقت، حالات، اپنے گرد و پیش، اپنے سماج اور معاشرے کو پڑھتے ہیں۔ اپنے سماج میں رہنے بسنے والے انسانوں کے چہروں کو پڑھتے ہیں۔ آدمی جن حالات سے گزر رہا ہے وہ ایک عام آدمی کے لیے بے معنیٰ ہو سکتے ہیں لیکن ایک حساس اور دردمند دل رکھنے والے شخص اور خاص طور پر ایک معلم کے لیے وہ بالکل بے معنیٰ نہیں ہو سکتے۔ ناظم علی صاحب کے متعلق بس ہم یہی کہہ سکتے ہیں کہ وہ اپنے گرد و پیش اور اپنے معاشرے میں وقوع پذیر ہونے والے حالات کو سرسری طور پر نہیں دیکھتے۔ انھیں حالات و واقعات پر اور ان کے مضمرات اور اثرات پر قلم اٹھانا ہی پڑتا ہے چنانچہ ان کے قلم نے ہر واقعہ اور موقع پر نشتر چلائے ہیں۔

جناب محمد ناظم علی کے ادبی، نیم ادبی، تعلیمی اور سماجی مضامین کا پہلا مجموعہ ''آئینۂ عصر'' کے نام سے 2005ء میں منظر عام پر آچکا ہے اور ''روحِ عصر'' اس سلسلے کی دوسری کڑی ہے جو اپنے پہلے مجموعہ کا تسلسل ہے۔ ''آئینۂ عصر'' کے پیش لفظ میں ڈاکٹر عبدالقیوم ریڈر پولیٹیکل سائنس نے ناظم علی صاحب کے فکر و فن پر اپنی رائے کا اظہار کرتے ہوئے لکھا ہے کہ ''ناظم علی صاحب نے سماج کی نبض کو ٹٹولنے میں کوئی غفلت نہیں کی ہے اور سماج کے عصری موضوعات پر قلم اُٹھاتے رہے ہیں یہ وہ موضوعات ہیں جن کا تعلق ہماری حس اور سماجی کیفیت سے ہے۔ ناظم علی ان چھوٹے چھوٹے موضوعات کو لے کر سماج کو اس کا آئینہ دکھاتے رہے ہیں اور اس احساس کو اجاگر کرتے رہے ہیں کہ باضمیر روح اور دردمند دل ابھی اس دنیا سے فنا نہیں ہوئے ہیں۔ چنانچہ ناظم علی نے سماجی مسائل، حالات و کیفیتوں کو فی البدیہ نثر میں پیش کیا ہے اس لیے ان کی تحریروں میں راست بازی اور سچائی ہے کوئی دکھاوا اور مصنوعی انداز ان کی تحریروں میں نہیں ہے اس لیے قارئین زبان و بیان کی باریکیوں میں گئے بغیر ایک قلم کار کی دلی کیفیت اور جذباتی اظہار کے آئینہ میں دیکھے تو وہ اس بات کے قائل ہوئے بغیر نہیں رہ سکتے کہ آج کے دور میں اس طرح کی تحریروں کی ضرورت ہی نہیں بلکہ دور تک ان کی اشاعت کی بھی ضرورت ہے تاکہ سماج کا ضمیر جاگ جائے اور بہتری کے لیے ہر شخص اپنا حصہ ادا کرے''۔ میری رائے ڈاکٹر عبدالقیوم کی اس مستند رائے سے قطعی الگ نہیں ہے۔ اب اس کے آگے بھی کچھ لکھنا قارئین کا قیمتی وقت خراب کرنے کے مترادف ہوگا۔ میری تمام تر نیک خواہشات جناب ناظم علی کے ساتھ ہیں اس یقین کے ساتھ کہ آئندہ بھی وہ اپنے قلم کو اسی طرح متحرک رکھیں گے۔

1-12-2006

جمیل نظام آبادی۔ ایم۔ اے

مدیر رسالہ گونج نظام آباد

حرف اوّل

دنیا وسماج سے ذہنی ربط رکھنے کے لیے تقریر کے ساتھ تحریر بھی ناگزیر ہے۔قلم کار، ذہنوں کو متاثر کرتا ہے اور زندگی و زمانے میں تحریریں انقلاب کی نقیب بنتی ہیں۔ ہر قلم کار اپنی تہذیب وسماج کا بے آواز نمائندہ ہوتا ہے، وہ تحریروں کے ذریعہ سماج سے گفتگو بھی کرتا ہے اور قوم کا نبض شناس بھی ہوتا ہے۔ اس جذبے وتسلسل کو عملی جامہ پہنانے کے لیے میں نے اپنی تمام تر کم مائیگی کے ساتھ قلم کو چھوا تو رشحات قلم ونگارشات وجود میں آئیں۔ میں یہ نہیں کہتا کہ میں نے جو کچھ لکھا وہ معتبر ومستند ہے، میں نے ہمیشہ سماج کی عکاسی کی کوشش کی ہے۔سماجی کوائف وحالات جو میں نے اپنی آنکھوں سے دیکھے اور ذہن و دماغ سے سمجھے بس اسی کی تعبیر وتشریح کا فرض انجام دیتا رہا ہوں۔

ویسے آج کے میکانیکی مصروف ترین دور میں اپنی زندگی میں سے کچھ حصہ لکھنے، پڑھنے کے لیے نکالنا جہاد سے کم نہیں۔لوگ مادیت کے سیلاب میں ڈوبے جا رہے ہیں۔ کسے سماج ومعاشرہ کی فکر ہے۔اہل طرب وتعیش پسند طبقے صرف محظوظ ہوتے ہیں۔ان کو سماج وغریب طبقے سے ہمدردی نہیں تو قلم کار سے انھیں کیا سروکار؟ ان کی ہمت افزائی سماجی سطح سے ہو، میں تو ایک چھوٹا سا قلم کار ہوں۔

اردو میں شوقیہ لکھنا ہوتا ہے اور ذوق وشوق سے جو تحریریں وجود میں آکر کتابوں کا روپ اختیار کر لیتی ہیں تو ان کی فروخت کا مسئلہ جوئے شیر لانے سے کم نہیں۔ مجھے تجربہ ہے کہ اردو کی کتابیں کتنی مصیبت دکھ اور درد اٹھانے کے بعد بڑی مشکل سے فروخت ہوتی ہیں۔اردو کا مصنف اپنے ذاتی صرفے اور جزوی امداد سے کتابیں شائع کرتا ہے۔لیکن اس کی کتابیں فروخت نہ ہوں تو پھر مصنف کی ہمت وحوصلہ مرجھا جاتا ہے۔ زیرنظر کتاب میری دوسری تصنیف ہے۔ مجھے اس بات کا بھی احساس ہے کہ اس کے مشمولات میں بعض مختصر تو بعض طویل مضامین ہیں۔ یہ سب سماج ومعاشرے کی دین ہیں، ہر چیز کو راقم حقیقت کی عینک سے دیکھا ہے اور سماج کا پرتو وعکس پیش کرنے کی کوشش کیا ہے۔سماج کے عصری حالات وکیفیتوں کو پیش کرنے کی ایک ادنیٰ سی کوشش کی ہے، اس کو خرید کر پڑھیں تو حق اردو ادا

ہوگا اور اردو کا بھلا ہوگا۔ ورنہ کوئی شکایت نہیں۔ میں سماج کو سماج کا آئینہ بتلانے میں کس حد تک کامیاب ہوا ہوں یہ میرے کرم فرماؤں پر منحصر ہے کہ اس پر نظر ڈالیں۔

میری آواز کو سماج و معاشرے تک پہنچانے کے لیے حیدرآباد کے اردو اخبارات و رسائل کے مدیران کا تہہ دل سے شکریہ ادا کرتا ہوں کہ انھوں نے میرے ناچیز و ناقص خیالات و افکار کو اپنے موقر روزناموں میں شائع کیا۔ سماج نے ان کو پڑھا دیکھا اور انہی احساسات کو کتاب کی صورت میں پیش کر رہا ہوں۔ تاکہ چیدہ چیدہ افکار مبسوط شکل اختیار کرے اور شاید کہ اتر جائے کسی کے دل میں میری بات!

میرے دوست و نہایت ہی کرم فرما ڈاکٹر عبدالقیوم ریڈر سیاسیات اردو آرٹس ایوننگ کالج نے کتاب کی پروف ریڈنگ کی اور مکمل کتاب کی تیاری میں بے لوث کردار و حصہ ادا کیا۔ ڈاکٹر صاحب کسی بھی کتاب کی اشاعت کے درمیان جتنے مشکلات و مراحل ہوتے ہیں ان کو صبر، تحمل وسکون سے برداشت کرتے ہیں، خود محنت کرتے ہیں دوسروں سے بھی وہی توقع رکھتے ہیں۔ ایسی عبقری شخصیت کی زیرنگرانی کتاب صاف و شفاف ہی شائع ہوگی۔ شکریہ کے لیے الفاظ نہیں، لیکن اخلاقی فریضہ سمجھتے ہوئے ان کا بھی صمیم دل سے شکریہ ادا کرتا ہوں کہ انھوں نے بھرپور ذمہ داری ادا کی۔

میں جناب حافظ محمد وجیہ اللہ سبحانی نقشبندی قادری صاحب کا مشکور ہوں کہ انہوں نے مواد کو عرق ریزی سے کمپیوٹر پر ترتیب دیا اور دیدہ زیب سرورق سے مرصع کیا۔ میں معروف شاعر جناب جمیل نظام آبادی صاحب مدیر رسالہ ''گونج'' کا بھی شکریہ ادا کرتا ہوں کہ انہوں نے اس کتاب کے لیے پیش لفظ مرحمت فرما کر اس کی افادیت میں اضافہ کیا۔

والدین اور ارکان خاندان کا بھی شکریہ ادا کرتا ہوں کہ انھوں نے دعاؤں اور نیک تمناؤں سے نوازا۔ میں اردو اکیڈیمی آندھراپردیش کا شکر گزار ہوں کہ اس ادارہ نے جزوی مالی اعانت دے کر مجھ میں ہمت و حوصلہ عطا کیا۔ اور امید کرتا ہوں کہ آئندہ بھی سرپرستی حاصل رہے گی۔ آخر میں ناشر نصاب پبلیشرس سعید آباد، حیدرآباد کا مشکور و ممنون ہوں کہ انھوں نے اس کی طباعت کا اہتمام وانتظام کیا۔

مورخہ یکم ڈسمبر 2006ء

محمد ناظم علی

نظام آباد

01. منزل ہے کہاں تیری اے لالۂ صحرائی

خدا نے اپنی ذات کے اظہار کے لیے کائنات کی تخلیق فرمائی۔ کئی مخلوقات کو پیدا کیا۔ شجر، حجر، چرند، پرند، بیاباں، کہسار، کوہ، سمندر، جمادات، نباتات سب انسان کے لیے بنائے گئے اور کئی سربستہ رازہائے فطرت وقدرت انسان کے ادراک وشعور کے لیے رکھے گئے۔ عقل سلیم کے بل بوتے پر ان قدرتی عناصر کا شعور وادراک رکھنا اور ان سے استفادہ کر کے انسانیت کو پروان چڑھانا لازمی ہے۔ انسان کی تخلیق کا مقصد ومنشا یہ ہے کہ وہ رضائے الٰہی کے لیے کوشاں رہتے ہوئے اپنی صلاحیت وقابلیت سے کائنات پر غلبہ حاصل کرے۔ پوری طاقت انسان کے ہاتھ میں ہے۔ اشرف ہونے کا شرف بھی کسی اور مخلوق کو نہیں بلکہ صرف انسان ہی کو حاصل ہے، اور زبان وعقل کی بنیاد پر ہی یہ اشرف بنا۔ یعنی قوت گویائی، قوت نطق اس کا خاص وصف ہے اس کے لیے زبان کا سہارا لینا پڑتا ہے۔ زبان ہی سے انسان اشرف وافضل بنا اور تمام قسم کی صلاحیتیں اور لیاقتیں زبان ہی کے سبب پیدا ہوتی ہیں۔ سائنس دان، سماجی مفکر، فلاسفر، حکیم، دانا، انجینئر، ڈاکٹر وغیرہ ان تمام مناصب پر فائز ہونے کے لیے انسان زبان سے ہی استفادہ کرتا ہے۔ دنیا کے مسلمانوں کی مذہبی زبان عربی ہے اور ہندوستان کے مسلمانوں کی مادری زبان اردو ہے۔ انگریزی بین الاقوامی زبان ہے ان زبانوں کا اپنا تاریخی، مذہبی اور ادبی کردار رہا ہے۔ اردو کا بھی سیاسی کردار قابل ذکر ہے۔ اب رہا سوال یہ کہ ہندوستان کے مسلمانوں کی ترقی کیسے ہو، دانشوران قوم ومفکرین ملت نے اس پر سیر حاصل روشنی ڈالی ہے اور آج کا مسلمان جن صبر آزما حالات سے گذر رہا ہے وہ سب پر عیاں ہے۔ اگر مسلمانوں کی ترقی کی کلید تعلیم ہے تو کونسی تعلیم حاصل کریں اور اس کے حصول کے لیے کیا کیا کریں؟ ماضی کے مسلمانوں کے تعلیمی حالات کا جائزہ لیں تو وہ وقت واحد میں فلاسفر، حکیم، ڈاکٹر، سائنس داں، ماہر ریاضی اور دیگر علوم کے حامل تھے لیکن آج مسلمانوں کا عالمی سطح پر تجزیہ کیا جائے تو مسلمانوں میں کتنے سائنس داں اور کتنے سماجی ماہرین ومفکرین ملیں گے؟ ان تمام حالات کا ذکر اس لیے ہو رہا ہے کہ ماضی میں ہم کیا تھے اور اب کیا ہو گئے؟ کیا ہمیں ماضی کا احساس نہیں؟ اگر یہی

حال رہا تو آئندہ کی نسلیں ہمیں معاف نہیں کریں گی۔ جب مسلمان نہ حال کے لیے سوچتا ہے اور نہ مستقبل کے لیے تو پھر ہمارے وجود کا احساس و شناخت کیسے ہو؟ نہ ہم سائنسی علوم میں آگے ہیں اور نہ عصری علوم وفنون میں۔ اگر مسلمانوں کا یہی حال رہا تو مستقبل کیا ہوگا؟ لہٰذا دور رس منصوبے مدون کریں اور تعلیم کو ترقی کی کلید بنائیں۔ تمام برائیوں اور خامیوں کی جڑ تعلیم سے بے رغبتی ہے۔ نہ کسی سمت کا تعین ہے نہ کسی علم کا ذکر۔ بس ایک بے منزل بہار کی طرف رواں دواں ہیں، نہ منزل کا پتہ ہے اور نہ منزل تک پہنچنے کی دھن ہے۔ عالمیانہ کے اس دور میں تعلیم کروٹیں لے رہی ہے۔ نئے نئے کورس مروج ہو رہے ہیں۔ سائنس اور ٹکنالوجی سے متعلق نئے نئے مضامین ماحول میں روشناس ہو رہے ہیں کمی صرف رہنمائی اور منصوبے کی ہے اور حصول تعلیم کا خواب تب ہی شرمندہ تعبیر ہوگا جب ہم کوشش وجد وجہد کریں گے۔ ہاتھ پر ہاتھ دھرے بیٹھے رہنے کا وقت نہیں ہے۔ دنیا سورج کی شعاعوں کو گرفتار کر رہی ہے چاند میں برف کی تلاش ہو رہی ہے اور اجرامی کائنات میں دنیا آباد ہونے کا خواب دیکھ رہی ہے۔ آج ہم Global Village میں سانس لے رہے ہیں۔ ماحول میں ٹکنالوجی اور مشینوں کا بول بالا ہے۔ کمپیوٹر انقلاب برپا کر رہا ہے۔ Internet کے ذریعہ دنیا آن واحد میں آنکھوں کے سامنے گھوم رہی ہے سب لوگ ترقی یافتہ بن رہے ہیں لیکن صرف ایک مسلمان ہیں کہ محدود دائرے اور خول سے باہر آنا ہی نہیں چاہتے۔ دنیا میں کیا ہو رہا ہے؟ قومیں کس طرح عروج حاصل کر رہی ہیں؟ علم و ہنر کے ذریعہ اس کا ادراک و آگہی حاصل کریں علم و ہنر کے لیے پیسہ و معاشی کمزوری کو حیلہ نہ بنائیں بلکہ ذہن سے منصوبے بنائیں اور ماحول میں گھل مل کر اس دور کی ترقی میں شامل ہو جائیں۔ پھر اپنی منزل کا تعین کریں کہ کس نہج سے ترقی کرنا ہے۔ ورنہ لالہ صحرائی کی طرح بھٹکتے رہنا پڑے گا۔

جلال آتش برف و سحاب پیدا کر
اجل بھی کانپ اٹھے وہ شباب پیدا کر
تو انقلاب کی آمد کا انتظار نہ کر
جو ہو سکے تو تو ہی انقلاب پیدا کر
(اقبالؔ)

❖❖❖

02. عصری تعلیم اور سماجی ترقی

ہندوستانی تعلیمی نظام میں عصری کورس کو مروج کیا جارہا ہے' نت نئے کورس کا احیاء خوش آئند عمل ہے' جس سے سماج کی ترقی ہوگی اور حیات کے دوسرے شعبوں میں بھی تبدیلیاں واقع ہوں گی اور سماج میں مادی ومعاشی ترقی کا بول بالا ہوگا۔ تجربہ ومشاہدہ ہے کہ عصری وپیشہ وارانہ تعلیم دن بہ دن اہمیت حاصل کرتی جارہی ہیں۔ سائنسی علوم' کمپیوٹر اور اطلاعاتی ٹکنالوجی وغیرہ کو تعلیمی نصاب کا جزو بنایا جائے گا۔ ان کورس کے لیے ایسی ترغیب دی جاتی ہے کہ اس قسم کے کورس کے متلاشی سوائے اس کے حصول کے کوئی دوسری تعلیم کی طرف توجہ نہیں دیتے۔ ایسا محسوس ہوتا ہے کہ عصری دور میں کوئی نیا علم یا پیشہ وارانہ کورس عظمت واہمیت حاصل کرلیتا ہے تو سماج کا ایک بڑا طبقہ مذکورہ علم کو حاصل کرنے کے لیے کوشاں رہتا ہے۔ چاہے وہ IT' MBBS یا BE یا کوئی اور عصری' نیا وجدید کورس ہو ان کے حاصل کرنے کے لیے خطیر رقم کو اکٹھا کیا جاتا ہے۔ عصری کورس کی تگ ودو میں امیدوار وطلبہ مقدور بھر کوشش کرتے ہیں اور اس کی اسٹیڈی کو زندگی کا لازمی جزو بنالیتے ہیں اور اپنی پڑھائی کا محور ومرکز عصری کورس ہی کو گردانتے ہیں۔ ویسے خطیر رقم دے کر تربیت حاصل کرنا اور اس کے لیے جان کو جوکھم میں ڈالنا فطری بات ہے' زیادہ پیسہ لگا کر یہی امید کرتے ہیں کہ کسی بھی طرح اس میں اچھی تربیت حاصل کرلیں گے اور جلد سے جلد معاشی زندگی سدھار لیں گے۔ ایسا عمل ہندوستانی تعلیمی نظام میں رواں دواں ہے اور شمال سے جنوب تک عصری نصاب وتعلیم کا چرچا ہے۔ اس سے ضرور سماجی انقلاب آئے گا' لیکن اس میں اخلاقی قدریں مشکل سے شامل ہوں گی۔ نصاب اور کورس سے متعلقہ تمام مضامین کو گائیڈ یا Running notes کے ذریعہ حاصل کرلیں گے اور تمام زور کامیابی کے لیے لگا دیں گے۔ اس طریقہ سے فرد اور سماج ذہانت وفطانت سے لیس ہوگا اور مادہ پرستی کو فروغ حاصل ہوگا۔ بلکہ سماجی ومعاشی معیارات میں تقویت اور ترقی ہوگی۔ لیکن اس کا دوسرا منفی پہلو یہ ہوگا کہ فرد کی شخصیت اور کردار کے ارتقاء ونشوونما کا ایک حصہ خالی ہوگا' کیونکہ ایک ہی جانب ذہنی کاوشوں کو مرتکز کرنے سے

دوسری جانب خلاء پیدا ہوگا۔

آج کل یہ معمول بنتا جارہا ہے کہ طلبہ عین امتحان سے قبل مختلف کمپنیوں کی سیریز گائیڈ خرید کر امتحان تحریر کرتے ہیں۔ کامیابی کی ضمانت تو اس عمل سے مل جاتی ہے لیکن صلاحیت و قابلیت کا فروغ کیسے ہوگا۔ اس کے علاوہ شخصیت سازی میں ممد و معاون عناصر کا فقدان عصری دور کے طلبہ میں نظر آتا ہے۔ مادی تعلیم بڑھتی ہے تو ان میں آرٹ اور ادبی و تخلیقی صلاحیتیں خشک ہوتی جاتی ہیں۔ اس طرف طلبہ کا رجحان و دھیان کم ہی ہوتا ہے حالانکہ ادب اور فنون لطیفہ زندگی کی ترقی اور خوش حالی کے لیے ناگزیر ہے۔ اس طرح کے خلاء سے اور اس کے منفی اثرات مستقبل کے سماج پر جو بھی مرتب ہوں گے اس سے سماجی ڈھانچہ بنے گا اس میں فرد کو قلبی اطمینان وروحانی آسودگی بہت کم میسر آئے گی۔

ضرورت اس بات کی ہے کہ طلبہ زائد نصابی سرگرمیوں پر اتنی ہی توجہ دیں جتنی نصابی سرگرمیوں پر دیتے ہیں۔ تعلیمی نظم اور طلبہ کے تعلیمی کردار ورویہ میں یکسانیت سے نصابی صلاحیت و قابلیت تو پیدا ہوگی، اس کے ساتھ ساتھ ادب اور فنون لطیفہ پر بھی توجہ دیں۔ عصری تعلیم کا خاصہ ہوگیا ہے کہ طلبہ اپنی تمام تر توانائیاں مقرر کردہ نصاب پر مرکوز کررہے ہیں اور اسے ہی زندگی کا حاصل سمجھ رہے ہیں جب کہ علوم و فنون کی تربیت کے حصول سے بھی سماج کی ہمہ جہتی سے ترقی ہوگی۔

شکایت ہے مجھے یارب خداوندانِ مکتب سے
سبق شاہیں بچوں کو دے رہے ہیں خاکبازی کا
(اقبالؔ)

❖❖❖

03. اقدار پر مبنی تعلیم

تعلیم انسان کی ہمہ جہتی ترقی کی ضامن ہوتی ہے اور انسانیت کے تقاضے پورے کرتی ہے۔ آدمی کو انسان بنانے کے ساتھ ساتھ اس کو مہذب لبادہ عطا کرتی ہے۔ تعلیم خود اور خدا شناسی کا بہترین ذریعہ ہے۔ اس کا منشا، غرض و غایت یہ ہے کہ فرد کی کما حقہ شخصیت سازی و کردار سازی کرے۔ اس میں اخلاقی معیارات اور روحانی قدریں پیدا کرے۔ تعلیمی نظام اور تعلیم کا تقاضہ ہی یہی ہوتا ہے کہ وہ انسان اور سماج میں اقدار پیدا کرنے کا محرک بن جائے۔ اخلاق، نیکی، ہمدردی، خلوص، محبت، درد دلی، ملنساری، شرافت، پاکی، تزکیہ نفس کے جذبات پیدا کرتی ہے اور فرد کو صحیح ڈھنگ سے جینے کا سلیقہ سکھاتی ہے اور اس کے معاشرتی و معاشی ضرورتیں پوری کرتی ہے۔ لیکن عصری و جدید دور کا تعلیمی نظام کچھ اور ہی ہو کر رہ گیا ہے۔ تعلیم مادی ہوگئی ہے۔ عصری علوم وفنون و تعلیم مادی سیلاب کو لے کر آرہے ہیں جس کی وجہ سے قدریں و اقدار پامال ہورہے ہیں۔ سماج و معاشرہ میں اخلاقی بحران پیدا ہورہا ہے۔ زبانیں اپنی روایتی کردار اور قدریں تخلیق کرتی ہیں اور سماج کو مہذب بناتی ہیں۔ زبان تہذیب و کلچر کا نام ہے۔ دنیا کی قدیم زبان پہلوی زبان ہے۔ یونانی و سنسکرت زبانیں اپنے دور میں اقدار کی حامل تھیں ان سے Value Based Education کا تصور اٹوٹ و مربوط تھا۔ جدید زبانوں کا کردار بھی قدریں تخلیق کرنا ہوتا ہے۔ لیکن عصری دور میں زبانوں کو مادی و معاشی قدروں سے ہم آہنگ کرنے کی کوشش کی جارہی ہے اور عصری علوم وفنون اور ٹکنالوجی سے لیس زبان کو فروغ حاصل ہورہا ہے۔ عصری تعلیم مادیت کی طرف راغب کررہی ہے۔ 1975ء میں تعلیمی نظام پر اقدار کا غلبہ تھا۔ استاد کی بہت عزت ہوتی تھی۔ طلبہ میں ادب واحترام کا جذبہ تھا۔ لیکن 1980ء کے بعد جدید تعلیمی نظام میں مادیت کا فروغ ہوا جس سے قدریں تباہ ہورہی ہیں اور نسلوں پر منفی اثر پڑ رہا ہے۔ مغربیت T.V اور الیکٹرانک میڈیا وغیرہ اخلاقی قدروں میں انحطاط پیدا کررہے ہیں۔ تعلیم اچھا شہری بناتی ہے۔ سماج میں جینا سکھاتی ہے، سماجی و معاشرتی اور سیاسی سسٹم کو کامیابی سے ہمکنار کرتی ہے۔ آج کا تعلیمی نظام Knowledge Worker

پیدا کررہا ہے۔مختلف ٹی وی چینل اوراس کے سیریلس اخلاق کو پامال کررہے ہیں۔اسمبلی و پارلیمنٹ میں جو رویہ اور گفتگو کا معیار ہے وہ بھی قابل اصلاح ہے۔یہ جمہوریت کے ایوان جمہور کے لیے Role maker ہوتے ہیں۔وہاں بھی قدریں اور اخلاقیات کا تحفظ کریں۔انسانیت کو شیطانوں سے بچانا ہے۔آئندہ کہیں ایسا نہ ہو کہ انسان جانوروں سے اخلاقیات کا درس لے۔قدریں تبدیل ہورہی ہیں۔شخصیت کی تعمیر وتشکیل متاثر ہوگئی ہے۔گلوبلائیزیشن اورنئی تربیت کے اثرات جدید تعلیمی نظام پر منفی اثر ڈال رہے ہیں۔سابقہ وزیراعظم راجیو گاندھی نے اس بات پر زور دیا تھا کہ تعلیمی نظام میں اخلاقی قدریں پیدا کی جائے۔اس سلسلہ میں کمیشن قائم ہوئے لیکن ان کی سفارشات پر عمل ندارد ہے۔تعلیم برائے مادیت کا دوردورہ ہے۔تعلیم برائے اقدار کے تصور کا فقدان ہے۔تعلیمی نظام میں Commodities و تجارت کا عنصر غالب آرہا ہے۔ایسے عمل سے سماج ومعاشرہ میں اخلاقی بحران پیدا ہوگا۔اس کے علاوہ اقدار اجاگر کرنے والے مضامین زبان وادب اور سماجی علوم کو ختم کرنے کی دانستہ کوشش سے سماج تباہ ہوجائے گا۔لہٰذا اقدار پر مبنی تعلیم کی بقا وفروغ کے لیے سماجی علوم کو عصری نظام سے ہم آہنگ کریں۔ 1990ء کے بعد سے جدید وعصری نظام تعلیم کی وجہ سے اقدار انحطاط کا شکار ہوگئے ہیں۔ایسے میں اقدار پر مبنی تعلیم کی ترغیب ہونی چاہیے تا کہ انسانیت فروغ پائے۔

زندگی کچھ اور شئے ہے، علم ہے کچھ اور شئے
زندگی سوز جگر ہے، علم ہے سوز دماغ
(اقبالؔ)

❖❖❖

04. عصری تعلیم اور انسانی اقدار

تعلیم' لفظ علم سے بنا ہے۔ جس کے معنی تربیت' جانکاری و معلومات بہم پہنچانے کے ہیں۔ شعور وآ گہی کی منزلیں تعلیم سے تکمیل پاتی ہیں۔ دنیا کے ہر مذہب میں تعلیم کی اہمیت وعظمت کو اجاگر کیا گیا ہے۔ اسلام میں بھی تعلیم کی عظمت واہمیت کا پاس ولحاظ رکھا گیا ہے۔ "اِقْرَأْ۔ مَالَمْ یَعْلَمْ" آیتوں میں علم کی اہمیت پوشیدہ ہے۔ حدیث سے بھی اس کی اہمیت وافادیت اجاگر ہوتی ہے۔ علم حاصل کرنے کے لیے چین بھی جانا پڑے تو جائیں۔ حصول تعلیم کے لیے خود میں تڑپ' ذوق وشوق پیدا کرنا ضروری امر ہے۔ ورنہ انسان بغیر علم کے ان پڑھ جاہل کہلائے گا۔ تعلیم خود وخدا شناسی کا بہترین ذریعہ ہے۔ اچھے وبرے کی تمیز حق وناحق' احساس' نیکی وبدی کا تصور تعلیم سے پیدا ہوتا ہے تعلیم کو مقدس پیشہ مانا جاتا ہے اور یہ تمام پیشوں کی ماں اور زندگی کے تمام شعبہ ہائے جات کا احاطہ کرتی ہے۔ فرد کی مکمل زندگی اور دنیا وکائنات کی ترقی کا راز اسی میں مضمر ہے۔ زمانہ وزندگی اور ماحول کی رفتار وبدلتی قدروں کے ساتھ تعلیمی شعبہ میں وقتاً فوقتاً تبدیلیاں ہوتی رہتی ہیں۔ ایک زمانے میں روایتی تعلیم ہی سب کچھ فرد کی تہذیبی' تعلیمی' معاشی اور اخلاقی تربیت کا ذریعہ سمجھی جاتی تھی۔ گرو اور چیلہ استاد اور شاگرد میں حد فاصل تھی اور اس دور کی تعلیم میں انسان کی روحانی واخلاقی نشو ونما وبقا کا سامان موجود تھا۔ فرد کو ذہنی وقلبی اطمینان میسر تھا۔ تربیت کا تکملہ جامعیت سے ہوتا ہے۔ تربیتی مرحلے میں مبسوط انداز تھا تربیتی عمل میں اخلاقی روحانی پہلو بدرجہ اتم موجود تھا۔ فرد کی شناخت اقدار سے ہوتی تھی۔ پورے ماحول پر اقدار کا غلبہ تھا انسانی تعلقات اور میل جول میں اٹوٹ پن تھا' ربط وضبط اور خلوص اعمال ورویہ میں بے لوث پن تھا۔ روایتی تعلیم سے انسانیت کی بقا ہوتی تھی اور انسانیت کے فروغ کے عناصر اس دور کی تعلیم میں موجود تھے۔ ماضی کے تعلیمی تقاضے انسان اور انسانی جذبوں سے لیس تھے۔ روایتی علوم کی اہمیت سب پر واضح تھی کوئی۔ علم کمتر یا برتر نہیں بلکہ سب کی وقعت تھی اور سماجی وسائنسی علوم میں امتیاز نہیں تھا۔ ہر علم اقدار کی کسوٹی پر پورا اترتا تھا چاہے سائنس ہو یا سماجی علوم۔ ماضی کے تعلیمی نظام اور تعلیمی تقاضوں کی یہ خوبی تھی کہ طلبہ وطالبات فطری

رجحانات کے ساتھ تعلیم جاری رکھتے تھے۔شاذ و نادر ہی غیر فطری رجحان پایا جاتا تھا۔تعلیمی ماحول میں یہ سوچ وفکر تھی ہی نہیں کہ کونسا علم حاصل کریں کونسی ڈگری کی خاطر حصول تعلیم جاری رکھیں۔بچوں کی فطری مناسبت سے تربیتی تسلسل ارتقا پاتا تھا۔ماں باپ کا کم ہی دخل تھا وہ بچوں کے ابتدائی تعلیمی رجحان اور فطری رجحان کو پرکھ کرنشاندہی کر کے متعلقہ میدان و تعلیمی شعبہ میں تعلیم کا انصرام کرتے تھے۔اوراس قسم کی تعلیم کے وہ تقاضے بھی تکمیل پاتے تھے جو ملک وقوم کے لیے بھلائی وفلاح کا باعث ہوتے تھے۔اس کے برعکس جدید تعلیمی نظام میں مروج عصری کورسس جن میں باز ساخت اورعصری پیشہ وارانہ مضامین و کورسس شامل ہیں۔ انجینئرنگ' میڈیسن' لاسیٹ' ماس میڈیا' انٹرنیٹ' پرنٹ والکٹرانک میڈیا اور انفارمیشن ٹکنالوجی وعصری ٹکنالوجی وغیرہ کورسس کا احاطہ ہم عصری تعلیم سے کرسکتے ہیں۔ان کورسس میں یہ بات کہیں تو بے جا نہ ہوگا کہ روایتی کورسس کے تعلق سے طلبہ کا فطری رجحان شاذ ونادر ہی ملے گا۔ کیونکہ ماحول میں شمال سے جنوب تک انجینئرنگ ومیڈیسن کی لہر چل رہی ہے اور جدید تعلیمی نظام میں نت نئے مضامین وکورسس کی اختراع ہورہی ہے۔ان کا چلن طلبہ کے طبقے میں فطری طور پر ابھر رہا ہے۔ ماں باپ کی خواہشات وارمانوں کے مطابق ان کی اولاد ایسے کورسس زبردستی منتخب کررہی ہے اگر ایسا عمل ہے تو اس کے منفی اثرات سماج ومعاشرہ پر مرتب ہوں گے۔عصری کورسس کا منشا اورغرض وغایت یہ ہے کہ یہ فرد کی معاشی و مادی تسکین کا ذریعہ ہے۔مذکورہ کورسس میں تعلیم کا حصول خطیررقم کا متقاضی ہے۔لاکھوں روپئے دے کر انجینئرنگ ومیڈیسن کی نشست حاصل کی جاتی ہے اور جب یہی نسل سماج میں خدمات انجام دے گی تو قوم کی خدمت کے عوض مالی منفعت وخودغرضی پیشے میں حاوی ہوگی۔راقم الحروف عصری تعلیم کے خلاف نہیں' عصری تعلیم سے بھی فرد وانسانیت کا فروغ ہوتا ہے بشرطیکہ طلبہ میں مذکورہ علوم فطری طور پر ابھریں۔فطری اعتبار سے ذوق وشوق پیدا ہو ورنہ غیر فطری رجحان سے سماجی و قومی ترقی متاثر ہوگی۔تعلیم عصری ہو کہ روایتی' بچوں میں فطری طور پر ابھرے اور ملک وقوم کی ترقی کے لیے عصری وروایتی تعلیم ناگزیر ہے۔عصری تعلیم کا نتیجہ ہے کہ چاند میں برف دریافت ہورہی ہے سورج کی شعاعوں کو گرفتار کر کے شمسی چولہے' شمسی دیہات بنائے گئے ہیں۔سمندر کا سینہ چاک کر کے قدرت کے بیش بہا خزانے دریافت کئے جارہے ہیں۔خلاؤں میں تحقیق کی جارہی ہے۔کلپنا چاؤلہ نے عصری علوم سے بہرور ہوکر ہی خلائی سائنس داں ومحقق کہلائی۔ بہرحال دنیا کائنات اورانسانیت کی بقاوترقی کے لیے روایتی اورعصری علوم ناگزیر ہیں' جس سے سماج ومعاشرہ میں انسانیت عام ہوگی۔شرافت و

نجابت کے جذبوں سے سماج معمور ہو جائے گا۔ انسانی عظمت کا احساس ہر نفس میں موجزن ہو اور انسانیت فروغ پائے۔

درد دل کے واسطے پیدا کیا انسان کو
ورنہ طاعت کے لے کچھ کم نہ تھے کر وبیاں

عصری علوم وٹکنالوجی کی دین ہی ہے کہ امریکہ میں موجود انجینئر بیٹا باپ کی علالت کی خبر سن کر یہ کہتا ہے کہ ان کے آخری ایام کی کیسٹ نکال کر روانہ کردیں۔ میں یہاں دیکھ کر تسکین پاؤں گا۔ عصری تعلیم کے ساتھ سماج میں مادیت کے جذبوں کو فروغ حاصل ہو رہا ہے۔ ایسے جذبوں کی بیخ کنی کے لیے نظام تعلیم اور عصری تعلیمی نظام کا نصاب اس طرح سے مدون کریں کہ ان سے انسانی اقدار اور انسانیت کا پہلو ضرور نکل آئے تا کہ انسان کی قدر و قیمت میں اضافہ ہو جائے۔

فرشتوں سے بڑھ کر ہے انسان بننا
مگر اس میں ہوتی ہے محنت زیادہ

❖❖❖

05. صدیوں رہا ہے دشمن دورِ زماں ہمارا

انسانی تاریخ شاہد ہے کہ دنیا میں جتنے بھی انقلابات آئے ہیں ان کی اساس یا تو سیاست تھی یا مذہبی جذبہ۔ لیکن اسلام نے 14 سو سال پہلے دنیا کو نیک جذبوں کی تلقین کی۔ حضورؐ کی تعلیمات سے نہ صرف عرب بلکہ دنیا کے کئی ممالک استفادہ کرتے رہے اور ان کے سماجی و سیاسی منشور میں اسلامی تقاضے و قدریں پنہاں ہیں۔ چاہے وہ مغربی ہوں یا مشرقی ممالک سب اسلامی تہذیب واقدار سے متاثر نظر آتے ہیں۔ اقبال کے یہاں وطن کا تصور آفاقی نوعیت کا ہے چنانچہ انہوں نے ایک طرف سارے جہاں کو ہی اپنا وطن بتایا ہے تو دوسری طرف مقامی تناظر میں سارے جہاں سے اچھا ہندوستاں کو اپنا وطن بتایا ہے۔ ترانہ ہندی میں ان کی وطن سے محبت جھلکتی ہے، لیکن وہ سارے جہاں کو وطن مانتے ہیں۔ انسانی عمل کسی جغرافیائی خطہ و دائرہ کا پابند نہیں بلکہ اُس سے مبرا ہو کر انسانی عمل شروع ہو جاتا ہے۔ انسان کا منصب ہی یہی ہے کہ وہ کسی خانے میں بند نہیں بلکہ اپنے تخلیقی عمل سے ایک نئے جہاں کی تلاش میں سرگرداں نظر آئے۔ ایسی قوم جس کے تعلق سے اقبال نے کہا کہ یہ مٹنے والی قوم نہیں جس کو خدا کی سرپرستی حاصل ہو اور جو اس کی عبادت کرنے والے ہوتے ہیں وہ معدوم نہیں ہو سکتے۔ دنیا میں امتیازات اور تفرقہ بندی و منافرت پھیلائی جاتی ہے اور تعصب کا اظہار کیا جاتا ہے لیکن ایسا عمل قوم و ملک کے لیے سم قاتل ثابت ہوگا۔ انسانی دستور کا تقاضہ ہے کہ دنیا میں مختلف مذاہب و تہذیب کے لوگ بستے ہیں ان کی ترقی و ترویج کے لیے فلاحی و بہبودی کے اقدامات ناگزیر ہیں۔ ان طبقات کی ترقی سے دانستہ روگردانی کرنا اور ان کو سماجی پستی کا شکار بنانا انسانیت کے خلاف عمل ہوگا۔ ایسے میں لافانی اور کائناتی تقاضہ بھی یہی ہے کہ مختلف طبقات کے وجود سے ملک ومملکت کا وجود ہے بغیر ان کے دستور و منشور کا تصور محال ہے۔ زمانہ دشمن جیسا کردار ادا کر رکھا ہے مسلمانوں پر جمہورت کی آڑ میں ظلم و بربریت نازل ہو رہی ہے عتاب برپا ہو رہا ہے۔ آج مسلمان دہشت گردی کے نام پر اور دیگر منفی عنوانات سے جانے جا رہے ہیں۔ حالانکہ مسلمان بھی اپنے اپنے ملک کے قوانین و دستور کا پابند ہے۔

وہ وہاں کے سماجی و دستوری قانون کی پاسداری کرتا ہے۔ کسی بھی خطہ کا مسلمان ہو وہ اپنے ملک کے حالات و تقاضوں کے تحت زندگی گذارتا ہے اور اسلام پر کار بند ہوتا ہے۔ جب کوئی طبقہ جو ترقیاتی حد بندی میں گھرا رہتا ہے تو اس کی ترقی کی ضامن وہاں کی حکومت ہوتی ہے۔ مسلمان دہشت گرد نہیں امن پسند ہے اور امن کا خوگر وشیدا ہے۔ لیکن زمانہ ہمیشہ سے ہی معاندانہ انداز سے پیش آیا۔ تاریخ میں یہودی اور دیگر اقوام کا رویہ کیا تھا کس طرح سے مسلمانوں کو اپنے مذہب سے ہٹانے کی کوشش کی گئی اور کیسے کیسے لالچ دنیا میں دیئے گئے' لیکن بعض راست باز مسلمانوں کی وجہ سے اسلام و اسلامی تہذیب زندہ ہے۔ مفاد پرست اور مصلحت پسند لوگوں سے نہ صرف مذہب کو بلکہ ملک و مملکت کو نقصان پہنچتا ہے۔ لہٰذا اقبال نے کہا کہ' کچھ بات ہے کہ ہستی مٹتی نہیں ہماری' ہماری ہستی ایسی ہے جس کی دنیا کو ضرورت ہے اور اٹوٹ ضرورت کی وجہ سے ہی ہستی ہماری مٹنے نہیں پاتی۔ اچھی شخصیت و ہستی قوم و ملک کے لیے بیش بہا اثاثہ سے کم نہیں۔ قوم کے کردار سے اندازہ ہو جاتا ہے کہ اس کا عالمی معیار کیا ہے؟ ایسے میں ہم امن پسند بن جائیں اور دہشت گردی کی ہر سطح سے مذمت کریں۔ دہشت گردی کے نام سے اسلام کو بدنام کیا جا رہا ہے اور اسلام کو غلط طور پر دیگر ابنائے وطن کے سامنے لایا جا رہا ہے۔ مسلمانوں کو چاہیے کہ وہ اعمال صالحہ سے دنیا و آخرت کو سنوارنے کی فکر میں رہیں۔ دہشت گردی سے ہمیشہ نقصان ہوا۔ افغان' ایران' عراق کی حالت سب پر عیاں ہے۔ مسلمانوں کو چاہئے کہ وہ اپنے اپنے علاقوں میں سیاسی طاقت بن کر ابھریں تا کہ ہماری تہذیب و تمدن اور زبان کو فروغ حاصل ہو۔ سیاسی طاقت سے ہی زبانوں کو فروغ حاصل ہوا اور زمانہ اپنی دشمنی کی چال کو ترک کر دیتا ہے' اس لیے اچھے کردار کا صلہ اچھا اور برے کردار کا صلہ برا ہی ملے گا۔ لہٰذا برائیوں اور منفی حالات کے انسداد کے لیے خدمات انجام دیں تا کہ ملک و قوم ہمہ جہت انداز سے ترقی کرے۔

کچھ بات ہے کہ ہستی مٹتی نہیں ہماری
صدیوں رہا ہے دشمن دورِ زماں ہمارا

❖❖❖

06. مسلمانوں کے معاشرتی مسائل کے درد کا درماں کون؟

مسلم معاشرہ آئے دن معاشرتی مسائل سے دوچار ہوتا جارہا ہے۔ سیاسی، سماجی، معاشی اور معاشرتی مسائل اتنے گمبھیر ہوگئے ہیں کہ ان کے بھیانک اور منفی نتائج سب پر عیاں ہیں۔ دراصل ان تمام مسائل کی اساس تعلیم کا فقدان و پستی ہے۔ جب قوم تعلیم سے آراستہ ہوگی تو ان میں شعور وادراک پیدا ہوگا۔ مسائل کو سمجھنے، حل کرنے میں تعلیم ہی مدد دے گی۔ تعلیمی پستی اور اسلامی عدم شعور کی وجہ سے معاشرتی مسائل جڑ پکڑ رہے ہیں اور ان کی وجہ سے دیگر برائیاں جنم لے رہی ہیں۔ جہیز ایک ناسور بن کر معاشرہ میں سرایت کر گیا ہے۔ جہیز سے نالاں لڑکیاں بین فرقہ جاتی شادی کے لیے مجبور نظر آتی ہیں۔ بے جا رسومات ساس اور دیگر سسرالی افراد خاندان کا جاہلانہ سلوک منفی اثر مرتب کر رہا ہے۔ اب بھی موقع ہے کہ ہم اپنے کردار اور سیرت کو اسلامی بنائیں اور ایسا رویہ اپنائیں کہ دوسرے اس کی تقلید کریں۔ ''ایسے رہا کرو کہ زمانہ مثال دے''۔ ایک خدا اور ایک کتاب کی قوم اس طرح کے مسائل میں الجھی رہے گی تو دنیا کیا سمجھے گی۔ دیگر ابنائے وطن سے ہم سے یہ سوال کرتے ہیں کہ ہمارے یہاں بھی جہیز کا رواج ہے اور دیگر فرسودہ ریت ورواج کو ہم دل سے ادا کرنے میں فخر ومسابقت کرتے ہیں۔ دنیا پر سیادت و قیادت کرنے والی قوم کا کردار وسلوک کیا ہونا چاہیے۔ انسانی منصب اعلیٰ وارفع ہے انسانی مقصد بھی درد مندی اور آپسی تعاون کا موجب بنتا ہے تو پھر معاشرتی مسائل کے حل میں کون تحریک چلائے۔ کیا کسی سر سید احمد خان کا انتظار ہے یا کوئی حالیؔ کی تمنا کئے ہوئے ہیں۔ بے شک اگر کوئی قوم فرسودہ اور وحشت ناک رسومات میں مبتلا ہو جاتی ہے تو قوم میں کوئی نہ کوئی مسیحا بن کر ابھرے گا۔ اور مسائل کا حل ڈھونڈ نکالے گا۔ تعلیمی عدم شعور مسلمانوں کی معاشی جڑیں کاٹ دے گی، اس لیے یہ قوم تعلیمی پستی کا شکار ہوگئی، لیکن آج بھی مسلمانوں کے پاس دولت ہے پیسہ ہے لیکن سچی لگن وتوجہ تعلیم پر نہیں ہے۔ دراصل ہمیں تعلیمی منصوبے بنانا چاہیے۔ عصری اور ٹکنالوجی کی تعلیم کی طرف راغب ہونا چاہیے۔ دوسری قومیں سورج کی شعاعوں کو گرفتار کر کے اُسے دنیا کے لیے افادیت کا باعث بنا رہی ہیں۔ سمندروں کا سینہ چاک

کر کے قوم وملک کے لیے گو ہر وموتی تلاش کر رہی ہیں' کائنات کی تحقیق کو اپنا مرکز بنا رہی ہیں۔ جب کہ مسلمان صرف ان کے ان کارناموں کو دیکھ کر تالیاں بجا رہے ہیں اور تماشائی بنے ہوئے ہیں۔ تعلیم سے ذوق وشوق پیدا کرنے کی کوشش کریں اور حصول علم کے لیے محنت وجانفشانی کو ایمان بنائیں۔ اور اپنے پیشہ میں محبت پیدا کریں۔ مسلمان معاشرتی مسائل میں ایسے مبتلا ہیں کہ باہر کی دنیا میں کیا ہو رہا ہے دنیا کتنی ترقی کر رہی ہے اس سے بے نیاز ہو گئے۔ شادی کے بعد مراحل ومسائل پر اپنی زندگی وقف کر دیتے ہیں پھر دیگر شخصی اور ذاتی مسائل میں کھو جاتے ہیں ایسے میں ملت کا کیا ہوگا۔ اگر سب ہی ذاتی خول میں بند ہو تو ملت کے درد کی ذمہ داری کون لے گا۔ ہندوستان کے کن کن شعبوں میں ہماری نمائندگی ہے۔ اگر جائزہ لیں تو سر شرم سے جھک جاتا ہے۔ شعبہ طب' سائنس' ٹکنالوجی' انجینئرنگ' شعبہ تحقیقات میں ہم صفر ہیں۔ پھر سماجی سائنس داں کے روپ میں ملک کے دانشور اور مفکر کی صف میں ہم کہاں تک شامل ہیں۔ Cream کہاں ہے Think tank کا کیا موقف ہے؟ آپ نے ملک کے لیے قربانی دی ہے تو پھر ملک وملت کی سمت وتقدیر سنوارنے کے لیے بھی اپنا حصہ ادا کریں۔ اس کے لے تعلیم ناگزیر ہے بغیر تعلیم کے ہم کچھ نہیں کر سکتے۔ تعلیم ہی سے سماجی ومعاشرتی رتبہ وعظمت حاصل ہوتی ہے۔ مسلمان اپنی نوخیز اور نئی نسلوں کو تعلیم سے آراستہ و پیراستہ کریں۔ اور عصری علوم وفنون میں تربیت دیں۔ وہی قومیں دنیا میں سانس لے سکتی ہیں جو عصری دور سے ہم آہنگ ہو۔ عصری دور سے مطابقت پیدا کرنے کے لیے تعلیم کو اساس بنائیں۔ جب تعلیم عام ہوگی تو معاشرتی اور فرسودہ روایات کا خاتمہ ہو جائے گا۔ اور تعلیم ہی ملت کے درد کو سمجھنے کا ذریعہ بنے گی۔

سبق پھر پڑھ صداقت کا عدالت کا شجاعت کا
لیا جائے گا تجھ سے کام دنیا کی امامت کا

❖❖❖

07. مسلمان ترقی میں پیچھے کیوں

ہندوستان میں مسلمان آبادی کے لحاظ سے دوسرے نمبر پر ہیں اور ہندوستان کی جمہوریت نے تمام قسم کے مراعات دے رکھی ہے۔ دستور میں لفظ اقلیت موجود ہے اقلیتوں کی فلاح و بہبود کے لیے حکومت اور خود اقلیتی طبقہ کوشش کرسکتا ہے۔ ماقبل آزادی قوم پرستی کا ایسا بھرپور احساس تھا کہ یہ میرا مشاہدہ ہے کہ معاشرہ میں ذاتی مفاد پرستی کا احساس کم تھا' سب میں اتحاد ہم آہنگی اور خلوص پیار و محبت پایا جاتا تھا' طبقاتی یا فرقہ واری احساس اتنا نہیں تھا جتنا آج ہے۔ عالمین پیداوار پر سب کا حق تھا وسائل اور معاشی حصول میں تمام طبقات کو نمائندگی حاصل تھی سب ایک دوسرے کی مدد اور تعاون میں آگے آگے تھے اس دور میں مسلمانوں کا ترقی کرنا الگ ہی بات ہے۔ مابعد آزادی جو کچھ حالات تھے یک لخت بدل گئے عوام الناس میں تعصب پھیل گیا۔ سیاسی تقسیم کیا ہوئی' مسلم طبقہ مشکوک و معتوب بن گیا ہر واقعہ و حادثہ پر ان ہی کو مورد الزام ٹھہرانا فرقہ پرست طاقتوں کا شعار بن گیا۔ اس سے کیا نقصان ہو رہا ہے اس کا احساس ہر سیکولر ذہن و جمہوریت پسند شہری کو ہے۔ روشن خیال ہنود کو آج بھی احساس ہے کہ مسلمان تعلیمی لحاظ سے دلتوں سے پیچھے ہیں اس سلسلے میں وہ یہ وجہ بتلاتے ہیں کہ آزادی کے بعد تعلیم یافتہ مسلمانوں کا بڑا طبقہ پاکستان منتقل ہوگیا اور اس وجہ سے آزادی کے بعد ہندوستان کے مسلمانوں کی حالت دگرگوں ہوگئی ہے۔ رہی سہی کسر بھی ریاستوں کی تنظیم جدید کے ذریعہ ختم کردی گئی۔ زمین' جاگیر بھی ضبط کردی گئی۔ پبلک ایکٹ کے تحت انعام دار و جاگیر دار طبقہ کو پسماندہ کردیا گیا۔ بہر حال نت نئے طریقوں' منصوبوں کے ذریعہ مسلمانوں کو پیچھے کردیا گیا۔ تعلیم' ترقی کا زینہ ہے جو قوم معاشی الجھنوں اور معاشرتی مسائل میں مبتلا رہتی ہے اس کو ذہنی سکون میسر نہیں اور ایسی قوم تعلیمی پستی کا شکار ہوجاتی ہے۔ مسلمانوں کا تعلیمی تناسب صفر ہے' سچر کمیٹی کی رپورٹ باشعور عوام اور خصوصاً حکومت کی آنکھ کھول دینے کے لیے کافی ہے۔ سچر کمیٹی کی رپورٹ کے مطابق ہندوستانی مسلمان سماج کا سب سے پسماندہ طبقہ ہے۔ ایسے میں حکومت ہند اور ریاستی حکومتوں کو چاہیے کہ مسلمانوں کو تعلیم سے بہرور کرنے کے لیے ایکشن پلان بنائے

اور تعلیمی شعبہ میں ان کے لیے مراعات وتحفظات کا اطلاق ہو جس طرح ہریجن، گریجن ودلتوں کے لیے تحفظات ممکن ہیں اُسی طرح مسلمانوں کے لیے زندگی کے ہر شعبہ میں تحفظات ضروری ہیں ورنہ مسلمان تعلیمی ترقی سے محروم ہو جائیں گے جس کا منفی اثر ملک کی معیشت پر پڑے گا۔اس طبقہ میں تعلیم کس طرح عام ہو؟اس کے لیے بصیرت افروز منصوبے کی ضرورت ہے دانشورانہ عملی اقدام کی ضرورت ہے۔

ہندوستان کے مسلمانوں کی معاشی حالت بھی دگرگوں ہے بعض بعض خاندان نان شبینہ کے محتاج ہیں اگر تجارت صنعت وحرفت میں کچھ مقام بنانا چاہے تو وہاں استحصال کیا جاتا ہے تجارتی مسابقت ودوڑ میں پیچھے رہ جاتے ہیں۔ ہر شعبے میں جانب داری برتنے سے مسلم طبقہ پریشان ہو جاتا ہے جب ان پر معیشت و معاشی دروازے بند ہو گئے تو انھوں نے سات سمندر پار جانے کا ارادہ کرلیا۔ اس سے حکومت کو زرمبادلہ بھی ملتا ہے اور ہندوستانی مسلمانوں کی معاشی زندگی سنور سکتی ہے ایسا رجحان عصری دور میں بھی تقویت پا رہا ہے۔

مسلمان تعلیم میں پیچھے، معاشی حالت دگرگوں تجارت ٹھپ، صنعت وحرفت میں مسابقت کی وجہ سے پیچھے رہ جاتے ہیں تو پھر کس طرح ان کی ترقی کے لیے غور وفکر کریں۔حکومتی سطح پر جو اقدامات کئے جاتے ہیں وہ خاطر خواہ نہیں اور سرکاری اسکیمات سے فائدہ اٹھانے کے لیے شعور وآگہی کا فقدان ہے۔ایسے عالم میں ان کی ترقی کی کس کو فکر ہے؟ مسلم قیادت کو بھی، سیاسی اتحاد کی عدم موجودگی کے سبب مسلمانوں کو معاشی تعلیمی نقصان اٹھانا پڑ رہا ہے۔ دستور تو ترقی کی ضمانت دے دیتا ہے۔لیکن اس پر عمل پیرائی نہیں ہو رہی ہے ان حالات کے باوجود دیگر طریقوں سے بھی ان کی معیشت کو کمزور کیا جا رہا ہے۔گودھرا واقعہ اور اس کے بعد کے حالات اس کا بین ثبوت ہیں۔ ہندوستان میں مختلف مذاہب وتہذیب کے لوگ آباد ہیں اور ہمارا جمہوری نظام تب ہی مکمل ہوگا جب کہ عوام خوشحال زندگی گذاریں۔ کسی ایک طبقہ وفرقہ کی پستی سے قومی ترقی میں رخنے پڑ جاتے ہیں لہٰذا حکومت اور عمائدین وقائدین مسلمانوں کی معاشی، تعلیمی اور سماجی زندگی میں انقلاب وتبدیلی لانے کے لیے بے لوث خدمت انجام دیں اور تعصبیت وفرقہ پرستی کو جڑ سے اکھاڑ دیں تو پوری قوم ترقی سے ہمکنار ہوگی۔

❖❖❖

08. مسلمان اور سیاست

حکمت، فراست و تدبر، رعب و دبدبہ سیادت اور قیادت کا نام سیاست ہے۔ اگر کسی قوم کو سیادت، قیادت کا حق حاصل ہے تو وہ مسلمان ہے کردار اور اسلامی اوصاف کی بناء پر دنیا پر قیادت و حکومت کر سکتے ہیں۔ کائنات کی تسخیر کا جذبہ فطرت نے انسان میں رکھا ہے اور یہ وصف اس لیے بھی دیا گیا کہ اُسے اشرف المخلوقات بنایا گیا۔ انسان خدا کے بتلائے ہوئے احکامات پر عمل پیرا ہو تو اس میں ایسا وصف پیدا ہوگا کہ انسانی ترقی و عروج کو دیکھ کر فطری عناصر بھی دنگ رہ جاتے ہیں۔ بقول علامہ اقبال ؎

عروجِ آدمِ خاکی سے انجم سہمے جاتے ہیں
کہ یہ ٹوٹا ہوا تارہ مہِ کامل نہ بن جائے

عالمی سطح پر مسلمانوں کا سیاست میں تناسب کا جائزہ لیں تو چند قائدین کی موجودگی کا احساس ہوتا ہے۔ انور سادات، ناصر، عیدی امین، بھٹو، شاہ فیصل، یاسر عرفات، صدام حسین وغیرہ نے اپنے اپنے ملکوں میں سیاسی کارناموں کے انمٹ نقوش چھوڑے ہیں۔ سیاست خدمت خلق کا بہترین ذریعہ ہے مقدس پیشہ مانا جاتا ہے سماج سے تعلقات و مسائل کے حل کا اہم ذریعہ سیاست ہے۔ سیاست نظری ہو یا عملی عوام اور قوم کی بھلائی و فلاح کے لیے ہونی چاہیے۔ سیاست میں داخلہ ان دنوں ذاتی اغراض و مفادات کے لیے ہوگیا۔ سیاست ذات کو فائدہ پہنچانے کا موجب بن رہی ہے عوامی مسائل و مفادات کو ثانوی حیثیت دی جاتی ہے۔ تجربہ و مشاہدے سے ثابت ہے کہ سیاسی کارکن سے لے کر بڑے سے بڑا سیاست داں عوامی پیسہ کو ہڑپ کر جاتا ہے اور شخصی و ذاتی جائیداد کو فروغ دیتا ہے۔ ہندوستانی سیاست میں اخلاقی عناصر کو مروج کرنا ہوگا۔ اخلاق پر مبنی سیاست کا بول بالا ہو۔ اقدار پر مبنی سیاست کو عام کرنا ہوگا۔ بددیانتی کی سیاست سے قومیں رسوا ہوں گی۔ اب تک جتنے گھٹالے، اسکام، اسکینڈل منظر عام پر آئے ہیں ان سے قوم کا سر شرم سے جھک گیا ہے۔ ایسے حالات میں ملک کو صحت مند سیاست کا رخ دینے کے لیے اخلاقی سیاست کی قدروں کو پروان چڑھائیں۔

ہندوستان میں مسلمانوں کا سیاست میں حصہ وتناسب بہت ہی کم ہے 1857ء کے بعد سماجی اصلاحات کے عنوان سے چند قائدین ابھرے جن میں سرسید احمد خان کا نام قابل ذکر ہے۔سرسید نے اپنی سماجی اصلاحی تحریکات کو پروان چڑھانے کے لیے تعلیم کو آلہ کار بنایا اور صحافت کے ذریعہ ملک وقوم کی بے پایاں خدمت انجام دی' اس طرح انھوں نے مسلمانوں میں سیاسی شعور بیدار کرنے کی کوشش کی۔اس کے بعد 1947ء سے قبل کی سیاست میں مولانا حسرت موہانی' ابوالکلام آزاد کے نام آتے ہیں' مولانا آزاد نے ہندوستانی سیاست میں مسلمانوں کے داخلہ کو یقینی بنانے کے لیے عملی اقدامات کئے اور مسلمانوں کو سیاست سے قریب کیا اور مسلمانوں کو ہندوستان میں رہنے پر مجبور کیا۔ جب ملک آزاد ہوا تو انتشار و افراتفری کا عالم تھا۔ملک تقسیم ہوا' دوملک ایک کہانی آج بھی باقی ہے۔دور حاضر کی سیاست میں مسلمانوں کا تناسب کتنا ہے؟ کم از کم 60 پارلیمانی حلقے مسلم اکثریتی ہیں۔اس کے باوجود حکومت کے ایوانوں میں مسلمانوں کی نمائندگی کرنے والا کون ہے؟ اگر اسمبلی و پارلیمنٹ میں اقلیتی نمائندے ہوتے تو مسائل کی شنوائی ہوتی۔ بجٹ میں اقلیتوں کے مسائل کے لیے گنجائشیں نکالی جاتی ہیں لیکن کبھی سنجیدہ انداز میں فیصلے صادر نہیں ہوئے اور اردو و مسلمانوں کی ترقی کے وعدے صرف کاغذ پر ثبت ہیں۔عمل ندارد ہے مسلمانوں کے روایتی اور عصری مسائل کے حل کے لیے دانشورانہ وقائدانہ صلاحیت کی ضرورت ہے۔دوررس اور دیرپا سیاسی فیصلے مسلمانوں کے معاشی' تعلیمی مسائل کو حل کر سکتے ہیں۔طبقہ واری سیاست کے دور میں مسلمان تعلیم سے بہرور ہوکر سیاست کے ذریعہ مسلمانوں کی بہترین انداز سے خدمت کر سکتے ہیں۔مسلمانوں کی معاشی پسماندگی سب پر عیاں ہے جس کی وجہ سے ان کے تعلیمی خواب شرمندہ تعبیر نہیں ہوسکے۔مسلمان سیاست کے ذریعہ قوم وملک کی عمدہ خدمت انجام دے سکتے ہیں۔

مسلم سماج کا آج حال یہ ہے کہ وہ تعلیم وتجارت کے ساتھ ساتھ سیاست میں بھی پسماندہ بن گیا ہے۔قومی سطح پر کوئی ایک شخصیت ایسی نہیں جسے مسلمانوں کی نمائندہ شخصیت کہی جاسکے یا اُس نے مسلم مسائل کو حل کرنے میں جستجو کی ہو یا کوئی تحریک چلائی ہو۔اس کے نتیجہ میں ملک کی دوسری بڑی آبادی ہونے کے باوجود ہم قیادت سے عاری ہیں۔کیا ہم' آج ملت میں سے کسی کو وزیراعظم یا صدر جمہوریہ کے طور پر قوم کے سامنے پیش کر سکتے ہیں؟ یہ ایک سنگین سوال ہے جس پر غور کرنے کی ضرورت ہے۔

❖❖❖

09. کیا تھے کیا ہو گئے

اللہ نے اپنی ذات کا جلوہ دکھانا چاہا اور اس کی ذات کا اظہار مقصود تھا تو آدمؑ کو بنایا اور آدمؑ کے لیے کائنات کی تخلیق کی، آدمؑ کی اولاد کو تمام مخلوقات میں اشرف وافضل بنایا۔ اور انسان کو عقل سلیم عطا کیا۔ بس انسان کی یہ ذمہ داری بنتی ہے کہ وہ اپنے معبود حقیقی کی خوشنودی اور اس کی رضا کو حاصل کرتے ہوئے کائنات کو اپنے بس میں کرے۔ اس کے لیے تربیت قابلیت صلاحیت کا ہونا ضروری ہے۔ اور علم و تعلیم سے اٹوٹ وابستگی ہونا چاہئے۔ تاریخ شاہد ہے کہ ہمارے اسلاف میں کس طرح علم اور تعلیم سے بہرور ہو کر کائنات کو تسخیر کرنے کا جذبہ پیدا ہوا اور مختلف علوم وفنون پر عبور حاصل کیا۔ حضور صلی اللہ علیہ وسلم اور خلفائے راشدین، صحابہؓ، تابعین و تبع تابعین نے کس طرح اللہ کی رضا اور خوشنودی کے لیے اپنے آپ کو سپرد کر کے کائنات کو اپنے زیرنگیں بنالیا۔ اس کے بعد صلاح الدین ایوبی اور نورالدین زنگی اور بنوامیہ وبنو عباسیہ کے دور کے علماء ودانشوروں نے مختلف علوم وفنون میں کیسی کیسی ترقیاں حاصل کیں۔ علم ریاضی، علم ہیئت، حکمت، سائنس، طب، فلکیات وغیرہ کے ماہر تھے۔ مغربی اقوام رشک کرتی تھیں اور حیرت زدہ تھیں کہ کس طرح عربی اور مشرق وسطیٰ کی قومیں ایجادات وانکشافات میں اپنا مقام بنارہی ہیں۔ اور نہ صرف علوم وفنون بلکہ اپنے مذہب ودین کی ایسی اشاعت وترویج کی کہ اسلام اسپین اور مغربی اور آفریقی ملکوں تک پہنچ گیا۔ کوکب اسلام اور اس کی وسعت کو دیکھ کر فخر محسوس ہوتا ہے کہ کس طرح ماضی کے مسلمانوں سے اسلام نے کردار کے غازی بنکر علوم وفنون اور اسلام کو وسعت دی۔ کیسے حوصلے وارادے عزم کے حامل تھے۔ بقول اقبال ؎

دشت تو دشت ہے دریا بھی نہ چھوڑے ہم نے
بحر ظلمات میں دوڑادیئے گھوڑے ہم نے

شاید ان ہی ترقیوں کو دیکھ کر انجم بھی سہم گئے ۔

عروجِ آدمِ خاکی سے انجم سہمے جاتے ہیں
کہ یہ ٹوٹا ہوا تارہ ماہ کامل نہ بن جائے

اسلاف نے ایسے کارنامے چھوڑے کہ آئندہ کی مسلمان نسل ان کے نظریات افکار اور ہمت و حوصلوں سے شعور و سبق حاصل کرے اور ان کی شخصیت' کردار و سیرت کو اپنی زندگیوں میں نمونہ بنائیں لیکن آج کا مسلمان خود غرضی کا شکار ہے۔ حقیر مفادات کے لیے جھوٹ کا سہارا لیتا ہے چھوٹی چھوٹی باتوں میں ناراضی اور اختلاف کا شکار بنتا جار ہا ہے۔ انسانوں میں حیوانیت و بہیمیت سے شیطان بھی کانپ جاتا ہے۔ اور انسان خود شیطان بن گیا ہے تو وہ اپنے فرائض سے دست بردار ہو جاتا ہے۔ غیبت' جھوٹ' کذب اور بے ایمانی سے بچیں اور ایسا کردار' عزم و حوصلے اور تربیت کے ذریعہ ایسی قابلیت و صلاحیت پیدا کریں جس سے ہمارا ماضی کا اسلام لوٹ آئے اور بقول اقبال ایسی صفت پیدا ہو جائے ۔

کوئی اندازہ کرسکتا ہے اس کے زور بازو کا
نگاہ مردمومن سے بدل جاتی ہیں تقدیریں

حکمت' سیادت' قیادت' نیابت' مملکت کے دعوے دار ہم ہی تھے یہ ہمارا منصب تھا اس کے حصول کی کوشش کریں۔

❖❖❖

10. آزادی کے بعد مسلمانوں کا سیاسی و معاشی موقف

ہندوستانی قوم نے بڑی تگ ودو اور تن، من، دھن کی قربانی دینے کے بعد آزادی حاصل کی۔ ہر طرح کی جدوجہد کے بعد ہمیں آزادی کا دن نصیب ہوا۔ ہمارے سیاسی دانشوروں نے اس سلسلے میں بہت کاوش کی۔ ہندوستان کو آزادی دلانے میں ہندو، مسلم، سکھ، عیسائی اور پارسیوں نے اپنا اپنا حصہ ادا کیا۔ چنانچہ 15 اگست 1947ء کو آزادی ملی لیکن آزادی کے بعد مسلمانوں کا معاشی موقف یکسر کمزور و پست ہوگیا۔ اس کی اہم وجوہات کچھ تو سیاسی ہیں اور بعض سماجی و معاشرتی حالات ہیں جن کی بناء پر مسلم قوم کی معاشی جڑیں کاٹ دی گئیں، آزادی کے بعد ملک دو حصوں میں بٹ گیا۔ تقسیم کا المیہ کئی خون ریز حالات و واقعات کا پیش خیمہ ثابت ہوا، 14 اگست کو پاکستان بنا اور 15 اگست کو ہندوستان وجود میں آیا۔ ان واقعات کی درد بھری کہانی اس دور کے ناولوں، افسانوں اور شاعری میں مل جائے گی لیکن یہاں ہمیں مسلمانوں کی معاشی زندگی سے بحث کرنا ہے۔ آزادی کے بعد مسلمانوں کی معاشی زندگی پست ہوگئی اور مختلف سیاسی تبدیلیوں نے بھی انہیں مزید پست کردیا۔ 1950ء میں ملک کا دستور بنا اور 1956 میں لسانی بنیادوں پر ریاستوں کا احیاء عمل میں آیا، اس کا نتیجہ یہ نکلا کہ مسلمان کئی ریاستوں میں منقسم ہوگئے اور اقلیت میں آگئے۔ ان کی اپنی زبان اردو کی سالمیت بھی ختم ہوگئی اور وہ صرف زبانی طور پر ہندوستان کی قومی زبان بن کر رہ گئی، مختلف حکومتوں کے دور میں مسلمانوں کی جاگیر اور زمینات کو کسی نہ کسی ایکٹ کے تحت ہڑپ لیا گیا، زمینات و جاگیریں بھی ضبط کرلی گئیں۔ مسلمان حالات کے رحم و کرم پر ہوگئے، سرکاری ملازمت و روزگار میں ان کی نمائندگی صفر تک پہنچ گئی۔ ریاستی اعلیٰ عہدوں اور قومی سطح پر سرکاری عہدوں میں ان کا تناسب تشویشناک حد تک کم ہوگیا جس کا سنگین اور منفی اثر ان کی تعلیمی زندگی پر مرتب ہوا۔ جو قوم معاشی لحاظ سے پسماندہ ہو اس کی فطری طور پر تعلیم و تربیت بھی متاثر ہو جائے گی اور عصری و پیشہ وارانہ تعلیم میں ان کا فیصد بہت کم ہو جائے گا، کیونکہ موجودہ زمانے میں تعلیم گراں ہوتی جارہی ہے۔ ایسے میں مسلمان قوم کی معاشی اور سیاسی بقاء خطرے میں پڑ سکتی ہے۔ اس تناظر میں قوم کے

موقف کا تجزیہ کریں تو معلوم ہوتا ہے کہ مسلمانوں کو زندگی کے ہر شعبے میں تحفظات ناگزیر ہیں۔ معاشی میدان میں آبادی کے تناسب کے لحاظ سے تحفظات میں اضافہ ضروری ہے۔ ہر قوم کو تحفظات معاشی اور سماجی بنیاد پر دیئے جاتے ہیں۔ اس میں ذات پات، مذہب کا کوئی دخل نہیں ہوتا، مسلم تحفظات کی مخالفت کرنا دستور کے منافی عمل ہے۔ سماج کے کسی بھی طبقہ کو پسماندہ بنا کر کوئی ملک ترقی نہیں کر سکتا۔

جس قوم کی معاشی حالت دگر گوں ہو اور معاشی پستی کی وجہ سے تعلیمی پسماندگی بھی بڑھ رہی ہو تو ایسے میں قوم کا سماجی و سیاسی لحاظ سے کیا مقام ہوگا؟ بلاشبہ سماجی رتبہ و موقف کمزور پڑ جائے گا اس لیے مسلمانوں کو سماجی اور معاشی لحاظ سے ترقی دینے کے لیے عصری تناظر میں نہ صرف 5 بلکہ 10 فیصد تحفظات کل ہند سطح پر دیئے جائیں، تاکہ قومی لحاظ سے وہ ترقی کے زینے طئے کر سکیں۔ خاص کر عصری و پیشہ وارانہ تعلیم میں مسلمان بہت پیچھے ہیں، جدید کورسس میں ان کا موقف نہ کے برابر ہے۔ نئی نسل کدھر جا رہی ہے اور تعلیم کا رخ کس طرف ہے؟ اس ضمن میں ہمارے مسلم دانشور بالکل خاموش ہیں۔ جب کہ نئی نسل کو رہبری و رہنمائی کی ضرورت ہے۔ ایسے فلاحی ادارے قائم کئے جائیں جس سے یہ ملت ایک صحیح راستے پر گامزن ہو سکے۔ تعلیم میں بھی منصوبہ بندی کی ضرورت ہوتی ہے۔ قوم کو سائنس و عصری علوم کی طرف راغب کیا جائے۔ عصری تعلیم کے حصول کے لیے تلقین و ترغیب دی جائے، تبھی قوم کو ترقی حاصل ہوگی۔

سیاسی لحاظ سے بھی مسلمان پستی کا شکار ہیں، ملک میں اعلیٰ سیاسی عہدوں تک ان کی رسائی ممکن نہیں۔ ملک کا وزیر اعظم مسلمان ہو، یہ شاید ہی کبھی ممکن ہو۔ دہشت گردی کے نام پر شک کرنا انسانیت کے منافی عمل ہے۔ دہشت گردی کے معاشی اور سیاسی مضمرات کا تجزیہ کرنا ہوگا اور معاشی نقطہ نظر سے اس کا حل ڈھونڈنا ہوگا۔ ویسے تو دہشت گردی ہر ملک کا داخلی مسئلہ قرار پاتی ہے اس لیے اس کو سیاسی سطح پر حل کرنے کی ضرورت ہے۔ کسی خاص سماجی طبقہ یا ملت کو بدنام و رسواء کرنا ملک و قوم کی توہین کا باعث بنے گا۔ بہرحال قصہ مختصر یہ کہ ہندوستان میں مسلمانوں کی ترقی کا راز تعلیم میں مضمر ہے اور تعلیمی طور پر سرخرو ہونے کے لیے معاشی استحکام ناگزیر ہے اور معاشی موقف کو سدھارنے کے لیے تحفظات ضروری ہیں جس کی بناء پر مسلم سماج کو ہمہ جہتی ترقی حاصل ہوگی۔

نکل کر خانقاہوں سے ادا کر رسمِ شبیری — کہ فقر و خانقاہی ہے فقط اندوہ دلگیری
تیرے دین و ادب سے آ رہی ہے بوئے رہبانی — یہی ہے مرنے والی امتوں کا عالم پیری
(اقبالؔ)

❖❖❖

11. مسلم خواتین میں عصری تعلیم کا شعور

اسلامی نقطۂ نظر سے ہر مسلمان عورت و مرد پر تعلیم ضروری قرار دی گئی ہے چنانچہ مسلم خواتین کو بھی دینی و عصری تعلیم دلوانے کی ضرورت ہے چونکہ مسلم معاشرہ کی خواتین کا جائزہ لیا جائے تو وہ نہ صرف روایتی تعلیم بلکہ عصری تعلیم میں بھی بہت پیچھے ہیں۔ مسلمان خواتین کے لیے تعلیم صرف گھر گرہستی کے شعور کی حد تک محدود تھی اور عورتوں کو صرف خطوط لکھنے کی حد تک تعلیم دی جاتی تھی۔ خط کا لکھنا، پڑھنا اس کی تعلیم کا محور و مرکز تھا۔ جیسا جیسا زمانہ ترقی کرتا گیا عورتوں کو دینی اور دنیوی تعلیم کے لیے ترغیب دی جاتی رہی اور عصری دور میں جو تعلیم دی جارہی ہے خاص کر اس کے ثمرات و برکات مسلم خواتین تک نہیں پہنچ رہے ہیں۔ آج بھی مسلم خواتین کی معاشی، معاشرتی اور سماجی پسماندگی کا اہم سبب تعلیم ہے، تعلیم کی کمی سے وہ معاشی طور پر پسماندہ ہیں۔ مسلم سماج خواتین کی تعلیم پر اتنی توجہ نہیں دیتا جتنی مسلم مرد پر توجہ دیتا ہے اور عورت کو صرف دینی و روحانی تعلیم کے لیے مخصوص کردیا گیا ہے۔ تعلیم صرف مرد کے لیے لازمی سمجھی جارہی ہے حالانکہ مسلم خواتین بھی سماج کا ایک حصہ ہیں اگر ایسے پیشہ و تعلیم جن میں ان کی غیر موجودگی کی وجہ سے ان کی ترقی رک جائے اور وہ ترقی کرنے سے قاصر رہیں تو معاشرہ میں ان کا مقام دیگر طبقات کی خواتین کے مقابلہ میں قابل رحم ہوجائے گا۔ خواتین کے لیے ٹیلرنگ اور فیشن ڈیزائننگ، درس و تدریس کا پیشہ مخصوص تھا، لیکن دورِ حاضر میں خواتین کا عمل دخل زندگی کے تمام شعبوں میں ہونے لگا ہے اور خواتین تمام شعبوں میں عملی حیثیت سے کارکرد ہیں، لیکن ان میں مسلم خواتین کا تناسب نہ کہ برابر ہے۔

مسلم معاشرہ کا سماجی ڈھانچہ اسی نہج پر تیار ہورہا ہے کہ لڑکیوں کی تعلیم پر توجہ تو درکنار ان کے مستقبل کی زندگی کے تعلق سے تعلیمی تناظر میں نہیں سوچا جاتا۔ جب کہ تہذیبی و معاشرتی پس منظر میں ان کے وجود کو محسوس کیا جاتا ہے۔ یہ تصور بھی عام ہے کہ لڑکیاں تعلیم حاصل کر کے کیا کریں گی اور آخر کار ان کی شادی تو رچانا ہی پڑتا ہے، اس تصور کے تحت کئی لڑکیوں کی تعلیم کو میٹرک وانٹر کے بعد منقطع کردیا جاتا

ہے جس سے وہ معاشی پستی کا شکار ہو جاتی ہیں۔ مسلم لڑکیوں کو تعلیم سے بہرہ ور کرنا وقت کا تقاضہ ہے تعلیم کی کمی سے وہ سرکاری اسکیمات سے استفادہ کرنے سے محروم ہو جاتی ہیں۔ کئی سرکاری اسکیمات اقلیتی خواتین کے لیے مخصوص ہیں۔ ڈوکرا، گیس کنکشن، روشنی اور جنم بھومی کے تحت کئی ایک منصوبے خواتین کی ترقی کے لیے مدون کیئے گئے ہیں۔ لیکن مسلم خواتین شعور و آگہی کی منزل سے بیگانہ اور تعلیم سے دور رہنے کی وجہ سے ان سے خاطر خواہ استفادہ نہیں کر پا رہی ہیں۔ ابتداء ہی سے مسلم خواتین کی تعلیم پر خاطر خواہ توجہ نہ دینے کی وجہ سے وہ معاشی وسماجی طور پر پسماندہ ہوگئی ہیں۔ آج بھی ایسی خواتین ہیں جن کو دستخط کرنا و لکھنا پڑھنا تک نہیں آتا، کئی مسلم خواتین کی نئی نسل کا المیہ یہ ہے کہ ان کو آگے بڑھنے سے روک دیا جاتا ہے۔ مختلف سماجی بہانے کیئے جاتے ہیں، اوسط و غریب طبقات کی خواتین گوں ناگوں مسائل کا شکار ہیں۔ دیہاتی مسلم خواتین کی زبوں حالی نا قابل بیان ہے۔ وہ بیڑی سازی اور چھوٹے موٹے پیشے اپناتی ہیں ان کو معاوضہ کم دیا جاتا ہے یہاں بھی وہ تعلیمی شعور کے فقدان سے دوچار ہیں۔ شہروں میں مسلم خواتین کا تعلیمی تناسب کچھ بہتر ہے لیکن وہاں بھی ان تک اعلیٰ تعلیم کا گذر نہیں۔ عصری وکمپیوٹر کورسس تو ان کے لیے خواب کی باتیں ہیں اور اگر مذکورہ تعلیم میں ان کا تناسب کچھ بڑھا بھی ہے تو عام مسابقت میں وہ معاشی وسائل کے حصول میں ناکام ہو جاتی ہیں کیونکہ مسابقت سخت ہوتی ہے۔ جب ان کو مختلف شعبوں میں مقام بنانے میں ناکامی ہوتی ہے تو پریشان ہو جاتی ہیں۔ عصری تعلیم کے لیے خطیر رقم ادا کرنے کے بعد معاشی وسیلہ میسر آئے تو تعلیم کا مقصد کہاں تک سودمند ہوگا۔ اس لیے لڑکیوں کی تعلیم پر توجہ کم ہو رہی ہے لیکن سخت مسابقت کے دور میں لڑکیوں کو عصری تعلیم سے آراستہ کرنا ضروری ہے۔ ان میں تعلیمی شعور و بیداری پیدا کرنا وقت کا اہم تقاضہ بھی ہے اور مستقبل کے حالات کا اشارہ بھی ہے کہ وہ اپنے پیروں پر ٹھہر سکیں۔

یہ خاموشی کہاں تک لذت فریاد پیدا کر
زمیں پر تو ہو اور تیری صدا ہو آسمانوں میں

❖❖❖

12. درس و تدریس تمام پیشوں کی ماں استاد قوم کا حقیقی معمار

علم عربی لفظ ہے۔ جس کے معنی جاننے، آگہی اور معلوم کرنا ہے۔ علم کے اس سہ حرفی لفظ سے کئی لفظ بنتے ہیں جو تعلیم کے متعلقات سے منسوب ہیں۔ علم، عالم، معلم، تعلیم، علیم، معلوم وغیرہ۔ ان تمام میں کلیدی اہمیت علم کو حاصل ہے۔ علم ہی سے آدمی انسان بنتا ہے۔ خود اور خدا آگہی کا شعور بھی تعلیم سے حاصل ہوتا ہے۔ زبان اور تعلیم ہی سے انسان تمام مخلوقات میں اشرف و افضل تصور کیا گیا۔ تعلیم اور پیشہ درس و تدریس کو مقدس پیشہ مانا گیا اور تعلیم تمام پیشوں کی ماں ہے۔ دنیا اور انسانیت کی بقاء کے لیے تعلیم بے حد ضروری ہے انسانیت کی بقا کے سامان تعلیم میں پنہاں ہیں۔ موثر اور حرکیاتی درس و تدریس سے انسان کی ترقی ہوتی ہے تعلیم و تربیت کے لیے اہم و کلیدی کردار استاد کا ہوتا ہے۔ ایسے مقدس پیشہ کے لیے استاد کو بھی دیانت داری اور ایمانداری سے اپنا فرض نبھانا ہے۔ تعلیم و تربیت کا اکمل ذمہ دار استاد ہی ہوتا ہے۔ استاد قوموں و نسلوں کی ذہنی آبیاری کرتا ہے ان کی شخصیت و سیرت سنوارتا ہے کردار سازی میں اہم رول ادا کرتا ہے۔ سماجی اور سیاسی تبدیلیوں کا مظہر ہوتا ہے۔ استاد قوم کا معمار ہوتا ہے۔ اسے سماج کی عبقری شخصیت تصور کیا جاتا ہے۔ ہر زاویہ و نقطہ نظر سے قوم کی تربیت کرتا ہے بچوں کی مکمل نشو ونما کا ذمہ دار ہوتا ہے، استاد کی اہمیت و عظمت اپنی جگہ مسلم ہے۔ ماضی میں گرو و چیلا کا تصور اٹوٹ تھا۔ لیکن عصری دور میں درس و تدریس کے ساتھ استاد کا روایتی تصور بدل گیا۔ نصاب، کتاب، اسباق کی کمیت و حجم میں اتنا اضافہ ہو گیا ہے کہ دونوں میں توازن برقرار رکھنا مشکل ہو گیا تھا۔ اور اسباق استاد اور طلبہ کی ذہنی سطح سے ماوراء و برتر ہے اور نصاب اتنا وسیع ہوتا ہے کہ استاد ایک تعلیمی سال میں ختم کرنے نہیں پاتا۔ عصری دور کے تعلیمی ادارے Quality کم Quantitative زیادہ پیدا کر رہے ہیں۔ حالانکہ حکومت کئی منصوبے پلان اسکیمات معیار کے لیے بناتی ہے لیکن پھر بھی عصری تعلیمی نظام میں Quality تخلیق کرنا مشکل ہو گیا ہے۔ کسی بھی قوم و ملک کی تعلیم کا انحصار معیار تعلیم پر ہوتا ہے اور معیاری تعلیم سے ہی قوموں کی شناخت ہوتی ہے اور تعلیم معیاری نہ ہو تو قابلیتیں صلاحیتیں مفقود ہو جاتی ہیں درس گاہوں میں روایتی

تعلیم کا چلن ہو پڑا۔ استاد اپنی عدیم الفرصتی کی بناء پر یا میکانیکی مصروفیات کی وجہ سے اپنے پیشہ سے انصاف نہیں کر پا رہا ہے۔ نئے دور کے تناؤ اور شخصی مسائل معلم کی زندگی میں در آتے ہیں جس کی بناء پر پیشہ سے انصاف کرنا مشکل ہو جاتا ہے۔ آج کا معلم کلاس روم میں جانے سے پہلے پڑھنا تو درکنار کتاب کھول کر بھی دیکھنا گوارا نہیں کرتا اور کلاس میں کتاب لے جانا عار محسوس کرتا ہے۔ طلبہ کی کتاب مانگ کر درس و تدریس پر اکتفا کرتا ہے۔ طلبہ کی بھی یہ کمزوری ہے کہ وہ نصابی کتب کو اپنے ساتھ نہیں لاتے اور صرف معلم کی جانب سے لکھائے گئے نوٹس پر اکتفا کر لیتے ہیں۔ تشریح، وضاحتیں، صراحتیں کلاس روم میں مفقود ہوتی جا رہی ہیں۔ ویسے حکومت کی جانب سے کلاس روم کے ماحول کی تنقیح ضروری ہے۔ معلم کی درس و تدریس کلاس روم میں کس نوعیت کی ہوتی ہے اسباق سے متعلقہ مواد پر ہوتی ہے یا غیر متعلقہ مواد؟ اس کی نشاندہی کے لیے کچھ حد تک سسٹم کو شروع کیا گیا لیکن عمل نہیں ہوسکا۔ بہرحال درس و تدریس کے عمل پر نگرانی ضروری ہے ایک کلیہ یہاں بیان کر دوں تو بے جا نہ ہوگا کہ استاد کے بارے میں کہا گیا کہ جو کہیں کچھ نہ بن سکا وہ معلم یا ٹیچر بن گیا۔ ایسا قاعدہ آج بھی مسلط ہے کئی تعلیمی ادارے تجارتی خطوط پر چل رہے ہیں روپیوں و پیسوں کا حصول ان کا مقصد و منشا ہو گیا وہاں اساتذہ کئی طرح کے ہوتے ہیں ان میں کم تعلیم یافتہ یا ان ٹرینڈ بھی ہوتے ہیں۔ تو بھلا کیا ہم ایسی حالت میں معیار تخلیق کر سکیں گے۔ کلاسوں کا اہتمام اور جماعتوں میں درس و تدریس کا فریضہ معلم کے موڈ پر ہو گیا ہے، وہ چاہے تو پڑھا سکتا ہے یا یوں ہی وقت گذار لے گا۔ کیونکہ اس پر کوئی ایسی گرفت نہیں کہ تاکید و تنبیہ کی جائے۔ ایسے حالات میں کیسے معیار پیدا ہوگا۔ اور جب فرائض کی انجام دہی میں تنقیح و تفتیش و گرفت ہوگی تو ایسے وقت سیاسی دباؤ اور یونین کی سفارشات حائل ہو جاتی ہیں۔ نہ صرف اسکولوں میں بلکہ جامعات میں سیاست کا غلبہ بڑھتا جا رہا ہے اور سیاست کے عمل دخل سے تعلیمی معیار پست ہو رہا ہے چنانچہ تعلیمی اداروں کو سیاست سے دور رکھنا ہوگا۔ زمانے کی تیز رفتاری سے تعلیمی نظام کا سانچہ ڈھانچہ بدل رہا ہے دنیا ای۔ تعلیم کے عمل سے گذر رہی ہے اور دنیا علمی گاؤں میں تبدیل ہو چکی ہے۔ فاصلے سمٹ رہے ہیں دوریاں مٹ رہی ہیں لمحوں میں عالمی منظر نگاہوں میں گھوم رہا ہے۔ Knowledge Society اور Advance Knowledge کا دور دورہ ہے۔ ہم روایت کے غلام بنے رہنے کے بجائے اپنے آپ کو عصری تدریس و ٹکنالوجی سے ہم آہنگ کر لیں۔ درس و تدریس کے لیے زاویئے ڈھونڈیں، طلبہ کے طبقے میں دلچسپی و رغبت پیدا کرنے کے لیے جدید طریقے تلاش کریں تاکہ ان میں

تحریک پیدا ہو۔ پیشہ سے وفاداری کا ثبوت تب ہی ملے گا جب معلم کی کوششوں وکاوشوں سے قوم کو ایک ترقی یافتہ سمت وڈگر ملے گی قوم ونسل ترقی کے زینے ومرحلے طئے کرے گی۔ یہ سب تب ہی ممکن ہے جب ہم اپنے پیشہ پر ریاضت ومحنت اوراس سے محبت کریں۔ پیشہ سے محبت اوراس پر محنت سے ہی استاد کومعزز ومعتبر مقام حاصل ہوتا ہے۔ بسا اوقات ایسا بھی ہوتا ہے کہ پیشہ سے دیرینہ وابستگی کی وجہ سے بے زاری وبوریت محسوس ہوگی لیکن ہم یہ محسوس کریں کہ ہر نیا دن ایک ٹیچر کے لیے نئی امنگیں' ولولے و جوش کا باعث بنے گا۔ معلم کا پیشہ دلکشی ودلفریبی لئے ہوئے ہوتا ہے۔ درس وتدریس ایک موڈ کیف اور کیفیت کا نام ہے جب استاد کلاس روم میں پڑھاتے ہیں تو طلبہ کی آبیاری کے ساتھ ان کی ذہنی وقلبی آسودگی کا سامان فراہم کریں اورطلبہ خطبہ ولکچرز سے محظوظ ہوں۔ ہر دونوں میں حصول علم کی جبلتی خواہش پیدا ہو۔ طلبہ میں سیکھنے اور حاصل کرنے کا جذبہ وشوق ہو۔ معلم درس وتدریس کو والہانہ انداز سے ادا کرے۔ ایک مثالی استاد کے لیے نیک سیرت وکردار کا حامل ہونا ضروری ہے۔ خلوص نیت اور پیار ضروری ہے ڈاکٹر سروے پلی رادھا کرشنن کی مثال ایک مثالی استاد کی ہے۔ وہ بنیادی اعتبار سے ٹیچر تھے۔ لیکن ان کی پیشہ سے محبت اوراس پر محنت کا نتیجہ یہ ظاہر ہوا کہ وہ ہندوستان کے باوقار قابل احترام عہدہ پر فائز رہے۔ ایسی مثال عصری دور کے اساتذہ کے لیے قابل تقلید ہے۔ ہمیں پیشہ میں جولانیاں' جدتیں دکھا کر آگے کی طرف جانا ہے۔ The job of a teacher is to teach and how to Teach اسی میں مشغول ومنہمک رہیں پیشہ میں مہارت ہوگی۔ اس کلیہ پر عمل پیرا رہنے سے قوم کو عروج حاصل ہوگا۔ ان کی معاشی' سیاسی' ثقافتی اورمعاشرتی زندگی میں انقلاب واصلاحات پیدا ہوں گی ایک معلم کا معاوضہ محدود نہیں ہے اس کا اصل معاوضہ نسلوں وقوموں کی ترقی ہے۔ درس وتدریس اور تربیت کے عوض جو ثمرات' پھل قوم کو حاصل ہوں گے یہی معلم کے لیے حقیقی معاوضہ ہوگا ان صفات و اوصاف کی بناء پر استاد قوموں ونسلوں کا حقیقی معمار بنے گا۔

اپنے من میں ڈوب کر پا جا سراغِ زندگی
تو اگر میرا نہیں بنتا نہ بن' اپنا تو بن
(اقبالؔ)

❖❖❖

13. 21ویں صدی میں ٹیچر کا رول

دنیا میں ماں اور باپ کے بعد کسی شخصیت کو اہم اور محترم سمجھا گیا ہے تو وہ استاد کی ذات ہے۔ وہ بچے کی ذہنی نشو ونما اور شخصیت سازی میں اہم و مرکزی کردار نبھاتا ہے۔ کردار سازی' شخصیت سازی' ذہن سازی کے لیے استاد ہی سب کچھ ہوتا ہے۔ کیونکہ بچہ جب اسکول اور تربیتی ادارہ کا رخ کرتا ہے تو راست اس کو استاد سے سابقہ پڑتا ہے۔ استاد کا کردار اسکول اور کالج تک محدود نہیں بلکہ اس کی شخصیت کا بالواسطہ اثر پورے ملک پر پڑتا ہے۔ بچوں کے لیے کلاس رومس کی تدریس مستقبل کی ضامن ہوتی ہے۔ ان ہی کلاسوں سے بچہ تربیت حاصل کر کے قوم کا حقیقی معمار بنتا ہے۔ استاد بھی حقیقت میں قوم کا حقیقی معمار ہوتا ہے۔ دنیا کی ہر تہذیب وقوم میں استاد کو باپ کا درجہ دیا گیا ہے لیکن موجودہ تعلیمی نظام میں نئے وجدید کورسس کو متعارف کروایا جا رہا ہے۔ اور بچوں کو بغیر کسی فطری رغبت کے تعلیم دینے کا رواج عام ہو رہا ہے ضامن روزگار اور ملازمت کے حصول کا مرکز آج کی تعلیم ہوگئی ہے۔ اور ماں باپ بچپن سے ہی بچوں کو ڈاکٹر' انجینئر اور کلکٹر بنانے کے خواب دیکھتے ہیں۔ اور عصری دور کی تعلیم کا منشا' غرض وغایت بھی الگ ہوگئی ہے۔ جس کے ذریعہ سے مادی اور مالی جذبوں کو فروغ حاصل ہو رہا ہے تو پھر اخلاق اور شخصیت وکردار بنانے کے تقاضے کہاں گئے۔ تعلیم تو اخلاق سازی اور کردار سازی کا بہترین ذریعہ ہے۔ اور شخصیت کے سنوارنے میں تعلیم اہم کردار ادا کرتی ہے۔ استاد تو رہبر اور راہ نما ہوتا ہے اور نصاب میں مقرر اسباق کی تدریس کرتا ہے۔ اور درس وتدریس کے دوران اخلاقی نعمت اور تعمیری کردار ادا کرنے کی تلقین کرتا ہے۔ اخلاقی تربیت کے لیے کونسے اسباق ہوتے ہیں سوائے سماجی اور زبان وادب کے کسی نصاب میں اخلاقی پہلو پر بہت کم زور دیا جاتا ہے۔ جو نصاب تعلیم مدون کیا جاتا ہے اُسے استاد ہی پڑھاتا ہے۔ اخلاقی انقلاب' سماجی وشخصی اصلاح کے لیے نصاب میں ایسی تبدیلیاں کی جائیں کہ جس سے فرد کے اخلاقی اور شخصیت سازی کا سلیقہ بھی آئے۔ بچوں کے لیے دینی تعلیم کے ساتھ عصری تعلیم کا بھی نظام ہو۔ دنیا بدل رہی ہے سماجی تدریس تغیر پذیر ہے' عالم گیریت کا زمانہ ہے۔ گلوبلائیزیشن کا تعلیم پر اثر پڑ رہا

ہے، علمی سوسائٹی Knowledge Socity کا بول بالا ہو رہا ہے۔ جدید انکشافات اور ایجادات ہو رہے ہیں۔ کمپیوٹر انقلاب برپا کر رہا ہے۔ دنیا انفارمیشن ٹکنالوجی کے سبب سمٹ رہی ہے فاصلہ سمٹ گیا ہے۔ ایسے میں استاد اور شاگرد کے رشتے و نصاب میں عصری تبدیلیاں لانا ضروری ہے۔ ایک استاد روایت کا شکار نہ رہے بلکہ روایتی قدروں کے ساتھ اپنے عصر سے آگاہی حاصل کرے اور عالمی معلومات حاصل کرتے ہوئے طالب علم کے اخلاق اور کردار سازی کی تربیت کرے۔ کردار اور اخلاق سے ہی قومیں معزز کہلاتی ہیں۔ اور تعلیم کا نظم بھی اسی غرض سے ہوتا ہے لہٰذا کلاس رومس میں اخلاق کی مثالیں دینا وقت کی اہم ضرورت ہے۔ عصری سماج میں اخلاقی گراوٹ بتدریج داخل ہو رہی ہے، شخصیت سازی کی تربیت کا فقدان ہے، ایسے میں استاد کی ذمہ داریاں بڑھتی جا رہی ہیں وہ نصاب کے ساتھ طلبہ کی سیرت شخصیت اور کردار سازی پر زیادہ توجہ دیں۔

گلا تو اہلِ مدرسہ نے تیرا گھونٹ دیا
اب کہاں سے آئے گی صدا لا الہ الا اللہ
(اقبالؔ)

❖❖❖

14. نسل نو پر سخت نگرانی ضروری

جدید دور میں جبکہ سماجی واخلاقی قدریں بدل رہی ہیں اور اُن پر مادیت کا غلبہ ہوتا جارہا ہے اخلاق، نیکی، شرافت ونجابت کے پیمانے بدل رہے ہیں۔ مصنوعی پن، دکھاوا، نمود ونمائش جگہ پارہے ہیں۔ معاشرہ میں انانیت، انتقام کا بول بالا ہورہا ہے۔ بڑے بزرگوں کی عزت باقی نہیں بلکہ معمرین بوجھ تصور ہورہے ہیں اوران سے نوجوان طبقہ بےزاری محسوس کررہا ہے۔ حالانکہ یہی لوگ ہماری زندگی میں اخلاقی وروحانی تربیت کا موجب بنتے ہیں۔ بڑوں کا کہنا ماننا اوران کی نصیحت پر عمل کرنا اوران کا احترام سب متاثر ہورہا ہے۔ مغربیت کی وجہ سے ہماری تہذیبی اقدار متاثر ہورہی ہیں۔ آج مہمان کی حرمت و عزت وہ نہیں رہی جو ماضی میں ہوتی تھی۔ ایک مثل مشہور ہوگئی ہے کہ مہمان، پہلے دن کے لیے مہمان دوسرے دن کے لیے انسان تیسرے دن کے لیے شیطان بن جائے گا۔ ویسے مہمان نوازی بھی ختم ہوتی جارہی ہے۔ دیگر معاشرتی مسائل میں جہیز، شادی بیاہ لڑکیوں کا انتخاب اور شادی کے بعد کے مسائل اتنے سنگین اور گمبھیر ہوگئے ہیں کہ بیان کئے جائیں تو کلیجہ منہ کو آئے۔ ازدواجی رشتوں کوانا کا مسئلہ بنادیا گیا ہے۔ اور چھوٹی چھوٹی معمولی باتوں کو بہانہ بنا کر زندگی تباہ کردی جاتی ہے۔ اگر ہم اور ہمارا معاشرہ اسلامی اقدار وتہذیب پر عمل پیرا ہوتا تو اتنے مسائل پیدا نہ ہوتے۔ ساس، بہو، نند، سسر، دیورو بھاوج جیسے رشتوں میں بہت مٹھاس تھی اور ایک دوسرے میں خلوص ومحبت تھی لیکن آج یہی رشتے مسموم بنتے جارہے ہیں۔ اس کے لیے کوئی موردالزام نہیں بلکہ سماجی سسٹم وڈھانچہ ایسا بنایا جارہا ہے کہ اس میں انسان اور انسانی رشتوں کی عظمت واہمیت کو کم فوقیت دی جارہی ہے۔ نئی نسل بزرگوں کے سایہ عاطفت میں تربیت وپرورش پائے گی تو ان میں قدریں پیدا ہوں گی، اس ضمن میں ماں باپ اور دیگر بزرگوں کی نگرانی ناگزیر ہے۔ غرض سرپرستوں کی ذمہ داری ہے کہ وہ نئی نسل کو اسلامی ماحول میں ڈھالنے اور صحیح فکر دینے کی کوشش کریں تاکہ نئی نسل اچھے انسان بنے اور انسانیت کے داعی ونقیب بنے۔

❖❖❖

15. ریاضت ومحنت کے بغیر کامیابی نہیں ملتی

امتحان درحقیقت ایک ایسی آزمائش کا نام ہے' جس میں طلبہ کو محدود وقت میں زیادہ سے زیادہ جوابات کاپی میں تحریر کرنا ہوتے ہیں۔ ایسے میں سوالات کے جوابات کو کم سے کم الفاظ میں مکمل اور جامع تبصرے کی صورت میں پیش کرنا ضروری ہے۔ طلبہ میں عموماً دو قسم کی صلاحیتیں پوشیدہ ہوتی ہیں۔ اولاً فطری صلاحیت جو بہت کم طلبہ میں پائی جاتی ہے' جبکہ دوسری اکتسابی صلاحیت' جسے تقریباً ہر طالب علم تھوڑی سی محنت اور لگن کے ساتھ بہ خوبی اپنے اندر پیدا کرسکتا ہے۔ بعض طلبہ امتحان کے نام سے گھبراتے ہیں' ان کی گھبراہٹ امتحان دیتے وقت اور بڑھ جاتی ہے۔ نصاب کو اگر امتحان شروع ہونے سے چھ ماہ قبل ختم کیا جائے تو ان کی گھبراہٹ میں کمی ہوگی۔

امتحانات کا مرحلہ کسی بھی طالب علم کے لیے کلیدی اہمیت کا حامل ہوتا ہے۔ امتحانات ہی اس کے اعلیٰ تعلیمی منصوبے اور خواب کی تعبیر ہوتے ہیں۔ تعلیمی تسلسل کو برقرار رکھنے کے لیے امتحانات کی تیاری اور اس میں کامیابی ضروری ہے اور کامیابی کے لیے محنت ومشقت لازمی ہے۔ بغیر ریاضت ومحنت کے ہمیں کامیابی وکامرانی حاصل نہیں ہوگی۔ امتحانات میں نہ صرف کامیابی بلکہ امتیازی نشانات سے کامیابی حاصل کرنے کے لیے سخت محنت کرنی ہوگی اور عام مسابقتی دنیا میں مقام بنانا ہوگا۔ مختلف سطح کے امتحانات شروع ہوچکے ہیں' ان کی تیاری کے لیے طالب علم کو چاہئے کہ جو کچھ کالج میں پڑھایا گیا اس کی بنیاد پر وہ اسٹڈی کریں۔ معیاری نصابی کتاب اور دیگر اسٹڈی میٹریل کو بھی استعمال میں لائیں لیکن سب سے افضل واہمیت کا حامل مطالعاتی مواد' صرف لکچرر کا لکچر ہوگا' اس کو جمع کرکے وضاحت کے ساتھ لکھیں۔ پرچۂ سوالات کو حل کرنے کی عادت ڈالیں۔ آسان اور عام فہم سوالات کو پہلے حل کرلیں' اس میں سیکشن کا لحاظ نہ کریں جس سیکشن میں آسان سوال محسوس ہوں حل کرلیں۔ تحریر صاف ستھری ہونی چاہئے' املا کا خاص خیال رکھیں۔ انگلش اور علاقائی زبانوں کے پرچوں کے جوابات دینے میں املا' صحت املا کو مدنظر رکھیں۔

امتحان کی تیاری کے لیے یوں تو صبح کا وقت موزوں مانا جاتا ہے اور پرسکون مقام ہونا

مناسب ہے۔ خارجی دخل اندازی مطالعہ پر منفی اثرات مرتب کرے گی۔ لہٰذا ایسی جگہ کا انتخاب کریں جہاں کسی بھی قسم کی خلل اندازی نہ ہو اور ذہن کو ہر قسم کے ٹینشن و تفکرات سے پاک رکھیں۔ غصہ' تناؤ' انتشار کو بالائے طاق رکھیں اور ذہن میں وسوسے اور خدشات نہ لائیں۔ نقل نویسی پر بھروسہ نہ کریں' نقل سے صلاحیت و قابلیت معدوم ہو جاتی ہے۔ گھر میں لگ بھگ روز آنہ تین یا چار گھنٹے مطالعہ کی عادت ڈالیں۔ رٹنے کے بجائے سکون اور خاموشی سے جوابی مواد کو پڑھیں اور جواب کو گھر پر لکھنے کی مشق کریں۔ جملے صحیح بنائیں' بے ترتیب' بے ربط جوابات سے گریز کریں۔ اکثر طلبہ امتحانات کے ہال ٹکٹ بھول کر جاتے ہیں' ایسا نہ کریں امتحان ہال جانے سے پہلے اچھی تیاری کرلیں۔ پنسل' پین' ربڑ' ریزر اور ہال ٹکٹ کو دیکھ لیں۔ ہال ٹکٹ' پین اور دیگر امتحانی سامان کو اچھی طرح دیکھ لیں۔ امتحانی مرکز پر طالب علم کے لیے ضروری و ناگزیر یہ ہے کہ وہ آدھا یا ایک گھنٹہ قبل پہنچے' امتحان ہال میں دیر سے پہنچنے سے ذہن منتشر ہوگا اور پریشانی ہوگی۔ لہٰذا کوشش اس بات کی کریں کہ امتحانی مرکز پر وقت سے پہلے پہنچ جائیں۔ یہ بھی دیکھا گیا ہے کہ طالب علم امتحانی مرکز پر نوٹس اور جوابی مواد لاکر پڑھتے ہیں اس طرح کا مطالعہ امتحانی اصولوں کے مغائر ہے۔ گھر پر ہی پڑھ لیں تو ٹھیک رہے گا۔ اکثر طلبہ کا معمول بنتا جا رہا ہے کہ وہ مختلف کمپنی کے سیریز گائیڈ خرید کر امتحان لکھتے ہیں۔ گائیڈ کے مواد سے نشانات کم ملنے کا خدشہ لگا رہتا ہے۔ امتحانی مواد جو استاد کا دیا ہوا ہوتا ہے اس کو ازبر کرلیں اور اس سے استفادہ کریں۔ جوابات لکھنے کے لیے بہتر زبان کا استعمال کریں اور سوال سے متعلق موزوں نکات کو یاد کر کے لکھیں۔ غیر موزوں مواد سے مارکس کم ملیں گے۔ سوال کو سمجھ کر جواب تحریر کریں۔ سوالات کا نمبر صحیح ڈالئے' پرچہ سوالات میں جو سوال نمبر ہوگا اس کو جوابی بیاض میں درج کیجئے۔ اپنی سیریز و ترتیب کو مت لکھئے۔ پرچہ سوالات پر اپنا ہال ٹکٹ نمبر لکھئے' کسی کی باہر سے مدد پر بھروسہ مت کیجئے۔ امتحانات میں کوئی کسی کا دوست نہیں ہوتا۔ خود سے تیاری کرنی پڑے گی اور خود کا خون جلانے سے کامیابی عطا ہوگی۔

مٹا دے اپنی ہستی کو اگر کچھ مرتبہ چاہے
کہ دانہ خاک میں مل کر گل گلزار ہوتا ہے
(آتشؔ)

16. طلبہ میں نقل نویسی کا رجحان

اس محاورے سے کون واقف نہیں کہ نقل نویس کو عقل ندارد یعنی نقل کرنے سے عقل فوت ہوجاتی ہے اور قابلیت وصلاحیت پیدا نہیں ہوتی۔ طلبہ کی فطری صلاحیت وقابلیت پر منفی اثر مرتب ہوگا۔ ایک زمانہ تھا جب کہ تعلیم پر سیاست کا غلبہ زیادہ تھا اور طلبہ نقل نویسی پر ہی انحصار کیا کرتے تھے' لیکن زمانے کے انقلابات واصلاحات نے اس نظام میں تبدیلی پیدا کی اور ایک شفاف وصاف اور صحت مند رجحان تعلیمی نظام میں پیدا ہوا۔ نقل سے عقل و دانش اور تخلیقی سوتے خشک ہوجاتے ہیں۔ فکر وتخیل منجمد ہوجاتا ہے۔ ذہنی وفطری طور پر مطالعہ' تعلیم وتربیت سے تخلیقی سوتے اپنا اثر دکھاتے ہیں۔ طلبہ فطری اکتساب وتربیت سے دنیا میں جامع کمالات کا اظہار کرسکتے ہیں۔ نقل سے عقل معدوم ہونے کے ساتھ ساتھ مستقبل بھی تاریک ہوسکتا ہے۔ بغیر صلاحیت کے ہم زندگی کے کون سے شعبہ میں داخل ہوں گے جب کہ فطری قابلیت سے زندگی کے تمام شعبوں پر غلبہ حاصل کرسکتے ہیں۔ انکشافات' ایجادات سائنسی ترقی' ٹکنالوجی پر عبور' صلاحیت اور تعلیمی معیار سے ہم ترقی حاصل کرسکتے ہیں اور نقل سے تمام صلاحیت سے محروم ہوجاتے ہیں۔

طلبہ میں نقل نویسی کے روایتی ذرائع کے ساتھ عصری وسیلوں کو اپنانے کا رجحان پایا جاتا ہے۔ نقل کے عادی طلبہ ہاتھ سے لکھی ہوئی تحریریں اور گائیڈ کے تراشے موزے' چور جیب' میں رکھ کر لاتے ہیں۔ بعض مرتبہ قابل اعتراض امتحانی مواد نیفہ میں یا شرٹ کی آستین میں لاتے ہیں اس کے علاوہ پن کے اندر سگریٹ کی طرح گول لپیٹ کر لاتے ہیں یا جسم کے کسی حصہ پر پن سے مواد تحریر کرتے ہیں ان روایتی ذرائع کے علاوہ سیل فون اور کمپیوٹر کے وسیلہ سے بھی نقل کا اہتمام ہوتا ہے۔ بہر حال نقل کرنے والے طلبہ ان روایتی وعصری وسیلوں سے استفادہ کرتے ہیں۔ جیسے جیسے دنیا ترقی کرتی جائے گی ویسے ویسے عصری ذرائع استعمال ہوں گے لیکن اس کے تدارک کے لیے اقدامات کئے جارہے ہیں۔ انٹرمیڈیٹ' ایس ایس سی اور ڈگری امتحانات میں موبائل اسکواڈ' فلائنگ اسکواڈ' اسپیشل اسکواڈ ٹیمیں وغیرہ

مختلف مراکز پر روانہ کی جاتی ہیں جو طلبہ میں نقل نویسی کی روک تھام کے لیے ناگزیر ہے۔ حکومت کی طرف سے قانون کے نفاذ کے ساتھ اخلاقی تربیت سے اس طرح کے سماجی مسئلہ سے چھٹکارا پا سکتے ہیں۔ طلبہ کی امتحان میں نقل نویسی کے اسباب و محرکات یہ ہیں کہ وہ امتحان میں زیادہ نشانات لے کر سب پر سبقت لے جاسکیں بعض مرتبہ وہ نصاب کی عدم تکمیل کی وجہ سے نقل کی طرف مائل ہوتے ہیں، خاطر خواہ تربیت کی کمی کی وجہ سے بھی اس رجحان کو اپناتے ہیں۔ نقل نویسی کی شدت سے روک تھام کرنے پر طلبہ تشدد پر اتر آتے ہیں، دادا گری کر کے نقل کرنے پر بضد رہتے ہیں، پھر بھی جدید تعلیمی نظام میں حالات بدل گئے ہیں طلبہ میں نقل نویسی کا رجحان کم ہو رہا ہے لیکن اس رجحان کو جڑ پیڑ سے نکال پھینکنے کی ضرورت ہے تا کہ امتحانی نظام صاف وشفاف ہو جائے۔

اتر پردیش میں نقل نویسی پر قانون کی رو سے سزا کے طور پر پانچ ہزار روپے اور تین ماہ کی قید ہوسکتی ہے اور دیگر ریاستوں میں بھی الگ الگ سزائیں نافذ ہیں۔ آندھرا پردیش میں اگر طالب علم نقل کرتا ہوا پکڑا جائے تو اس کے دوسرے پرچے بھی مسترد کر دیئے جاتے ہیں اور پورا تعلیمی سال برباد ہو جاتا ہے، اس طرح کی سزا ہی طلبہ میں اس رجحان کی بیخ کنی کرنے کے لیے کافی ہے، اس کے باوجود نقل نویسی کی ہر سطح پر حوصلہ شکنی کرنی ہوگی تا کہ طلبہ میں فطری صلاحیت پیدا ہو سکے، نقل کرنے سے تمام صلاحیتیں معدوم ہو جاتی ہیں۔

جو قوم مستقلاً نقل کا شکار ہو جائے گی وہ صفحۂ ہستی سے مٹ جائے گی اور ان کی سماجی پستی، قومی تنزل شروع ہو جائے گا، نقل کرنے سے زندگی کے تمام شعبوں یعنی تہذیب، ثقافت، تمدن اور معاشرت وغیرہ پر منفی اثر پڑے گا۔ فطری و ذہنی طور پر تعلیم و تربیت سے ملک وقوم کو عروج حاصل ہوگا اور سماج میں روشن خیالی پیدا ہوگی۔

❖❖❖

17. کتابی کلچر کا فروغ

اچھی کتاب انسان کی بہترین ساتھی تصور کی جاتی ہے اور وہ انسان کی شخصیت سازی و کردار سازی میں کلیدی رول ادا کرتی ہے۔ کتابیں سماج ومعاشرہ میں انقلابات واصلاحات پیدا کرسکتی ہیں۔ ایک جامع ومبسوط فکری کتاب انسانی ذہن کو جلا عطا کرتی ہے۔ فکر وشعور اور معلومات میں اضافہ کرتی ہے۔ چنانچہ ماضی میں ہم دیکھتے ہیں کہ ہر گھر میں ایک چھوٹا سا شلف ہوتا تھا جس میں کتابیں رکھی جاتی تھیں اور کتابوں کے لیے باضابطہ ایک حصہ کو مختص کردیا جاتا تھا اور Booking Culture کا ایسا احساس تھا کہ مختلف مزاج کے لوگ اپنے ساتھ ناول' افسانوں کی کتاب یا شعری مجموعے اور مختلف علوم و فنون کی تصانیف ان کے ساتھ ہوتی تھیں۔ لیکن آج زمانہ بدل گیا ہے۔ عالم گیریت کے اس دور میں کتابوں کی اہمیت وعظمت متاثر ہورہی ہے اور مختلف ٹی وی چینل اور بصارتی ذرائع نے مطالعہ کی عادت پر منفی اثر مرتب کیا ہے اور سیل فون اور ٹیلی فون و دیگر مواصلاتی ذرائع ووسیلوں کی وجہ سے عوام میں لکھنے کی عادت کم ہوگئی ہے۔ اب خطوط ومراسلات کم ہوگئے ہیں۔ اب فون سے راست رابطہ پیدا ہوگیا جس کی وجہ سے عوام میں لکھنے' پڑھنے اور مطالعہ کی عادت وشوق پر منفی اثر پڑ رہا ہے۔ لیکن اس کے باوجود بعض باذوق قارئین کتاب کو اپنی زندگی کا اٹوٹ حصہ بنائے ہوئے ہیں اور مطالعہ میں غرق رہتے ہیں۔ لیکن مجموعی طور پر ہندوستان میں کتابی کلچر کو تقویت وفروغ بہت کم حاصل ہورہا ہے اور مطالعہ کی عادت انسانوں میں مفقود ہوتی جارہی ہے۔

اگر مطالعہ کا ماحول نظر آتا ہے تو وہ صرف امتحانات کے قریب یا تعلیمی اداروں میں حصول ڈگری کے لیے ہوتا ہے' اب بھی کئی کتب خانے ایسے ہیں جہاں پر قاری صرف روزناموں وجرائد کے لیے آتے ہیں۔ کتب خانوں میں رکھی ہوئی کتابوں پر دھول آدھا انچ جمی ہوئی ہوتی ہے' کتابوں کا قاری کمیاب ومفقود ہوتا جارہا ہے اور کتابیں اپنے ساتھ رکھنا بوجھ تصور کیا جارہا ہے۔ کتابوں میں چھپا علم عملی زندگی کے لیے کارگر ثابت ہوتا ہے۔ خاص کر نئی نسل میں کتابوں سے دلچسپی پیدا کرنے کے لے محرکہ پیدا

کریں، تا کہ ان کی بہتر طور پر نشو ونما ہو سکے اور وہ اچھے انسان وشہری بن سکے۔

کتابیں اپنے دامن میں وسیع و بسیط علوم وفنون کا ذخیرہ رکھتی ہیں۔ ان سے آگہی حاصل کرنے کے لیے فطری شوق وذوق پیدا کریں۔ سماج کے علاوہ طلبہ کا طبقہ بھی کتابی ماحول وکلچر میں مشغول ہو جائے تو ہمہ جہتی ترقی حاصل ہوگی۔ کتابی کلچر متاثر ہو جائے تو ملک وسماج میں فکری بحران پیدا ہوگا۔ کتابی کلچر کے فروغ سے ہماری قومی ترقی کو یقینی بنایا جاسکتا ہے، جس سے قوم وملک کی شناخت بنے گی۔ کتابیں پڑھنے کی عادت ڈالنے کے لیے ماں باپ کے علاوہ ٹی وی اور ریڈیو سے اشتہارات دیئے جائیں اور اس میں کتابوں کی اہمیت کو اجاگر کریں۔ یہ یاد رکھیں کہ کسی بھی کتاب کا کوئی اور نعم البدل نہیں ہوسکتا اور کوئی دوسرا ذریعہ اس کی جگہ نہیں لے سکتا۔

حاصل کرو علم، طبع کو تیز کرو
باتیں جو بری ہوں، ان سے پرہیز کرو
(حالؔی)

❖❖❖

18. تعلیم کو تعلیم رہنے دو

تعلیم، تجارت بنتی جارہی ہے اور طب وانجینئرنگ میں ایک ایک نشست کے لیے منہ مانگی رقم یعنی لاکھوں روپئے تک خرچ کرنی پڑتی ہے۔ ڈونیشن اور عمارت فنڈ وغیرہ کے نام پر عوام کو لوٹا جارہا ہے، تعلیمی کورسس کی نشستوں کا ایسا نیلام ہوتا ہے کہ جیسے لوگ بازار میں اشیاء خریدتے ہیں، یہی حال ایمسٹ نشستوں کا ہوکر رہ گیا ہے۔ آپ غور کریں ماضی میں بھی طب وانجینئرنگ کی تعلیم تھی۔ کیا اُس دور میں خطیر رقم صرف کی جاتی تھی؟ دراصل جدید دور میں علم اور تعلیم کو تجارتی خطوط پر محسوس کیا جانے لگا ہے اور طلبہ اور ان کے سرپرست بھی سوچ سمجھ کر قدم رکھتے ہیں۔ وہ یہ غور وفکر کرتے ہیں کہ بچے کو کونسا کورس دلائیں کہ اس کو بہ آسانی ملازمت مل جائے۔ افسوس کہ اب بچوں کے فطری رجحان کو بالائے طاق رکھ کر تعلیم دینے کا رواج تقویت پارہا ہے اور یہ سماج ومعاشرہ اور خود طالب علم کے لیے سودمند نہ ہوگا۔

تعلیم کے معنی تربیت اور شعور وآگہی کے ہیں۔ یہ ایک مقدس پیشہ ہے۔ کسی کو علم سے آراستہ کرنا عبادت سے کم نہیں۔ لیکن عصری دور میں تعلیم کے حصول کو گراں بنادیا جارہا ہے حالانکہ حکومت کی جانب سے تعلیم کے ارزاں ہونے کی بات کی جاتی ہے اور مفت تعلیم کی دہائی دی جاتی ہے۔ موجودہ ہندوستانی تعلیمی نظام میں روایتی اور عصری تعلیم کو بہت مہنگا بنادیا گیا ہے، چنانچہ غریب اور متوسط طبقے کے طلبہ تعلیم سے محروم ہوتے جارہے ہیں۔ ایسے میں تعلیم کو غریبوں تک پہنچانے کے لیے کوئی منصوبہ بنایا جائے، امیر طبقہ ہی اس کے حصول کے لیے دوڑ دھوپ میں منہمک ہے۔ جبکہ عصری تعلیم کو سماج کے عام طبقات بھی ترجیح دے رہے ہیں لیکن ان کے لیے ایسی کوئی سہولت نہیں۔ ایک طالب علم آج وقت واحد میں چار پانچ ڈگریوں کا کورس کرتا ہے، تعلیمی میدان میں یہ عمل خود پر عدم اعتماد کو پیش کرتا ہے اور اس سے تعلیم تجارت بنتی جاتی ہے۔

تعلیم، تجارت بنتی جارہی ہے اور طب وانجینئرنگ میں ایک ایک نشست کے لیے منہ مانگی رقم یعنی 35 لاکھ روپئے تک خرچ کرنی پڑتی ہے۔ ڈونیشن اور عمارت فنڈ وغیرہ کے نام پر عوام کو لوٹا جارہا ہے،

تعلیمی کورسس کی نشستوں کا ایسا نیلام ہوتا ہے کہ جیسے لوگ بازار میں اشیاء خریدتے ہیں، یہی حال ایمسٹ نشستوں کا ہو کر رہ گیا ہے۔ لوگ ایک دوسرے کو مشورہ دیتے ہیں کہ آپ یہ کورس کرلیں بہت مالی و مادی فائدہ ہوگا۔ ایسے تصورات عصری تعلیمی نظام میں مروج ہوتے جارہے ہیں۔

ہمیں چاہیے کہ تعلیم کو تعلیمی تناظر میں محسوس کریں، تعلیم کو تربیت کا وسیلہ بنائیں نہ کہ ڈگریوں کے حصول کا ذریعہ۔ ڈگریوں کے حصول سے سوائے رسوائی کے کچھ ہاتھ نہیں آتا۔ ڈگری کی خاطر تعلیم حاصل کرنے سے علمی صلاحیت میں اضافہ نہیں ہوگا، اس کے منفی اثرات سماج پر مرتب ہوں گے اس لیے تعلیم کو تعلیم رہنے دیں تجارت نہ بنائیں تاکہ انسانی قدریں وانسانیت کی عظمت کا احساس ہو اور اخلاقی جذبے تقویت پاسکیں۔

علم انسان کے اوصاف بڑھا دیتا ہے
ہو گھنا پیڑ تو سایہ بھی گھنا دیتا ہے

❖❖❖

19. صحافت عصری زندگی کا آئینہ

صحافت عربی اسم مذکر لفظ ہے جس کے معنی جلد ساز، جلد گر کے ہیں۔ صحائف، صحیفہ کی جمع ہے جس کے معنی رسالہ کتابیں ہیں۔ صحافی اس سے منسوب و متعلق ہے۔ صحافت وہ شعبہ حیات ہے جس میں حق و سچائی کی من و عن ترجمانی ہوتی ہے جو حالات و حوادث سماج میں رونما ہوتے ہیں اس کی ہو بہو بے کم و کاست تصویر کشی کی جاتی ہے۔ اسی بناء پر اس کو مقدس پیشہ مانا جاتا ہے کسی طرح صحافت کی عظمت و اہمیت سے انکار نہیں۔ صحافت کا کام یہ ہوتا ہے کہ وہ حق کو تلاش کرے۔ سچائی کو عوام کے روبرو لائے حق اور وقوع پذیر حالات کو عیاں کریں، اس کی اہمیت مملکت و حکومت کو بہت زیادہ محسوس ہوتی ہے یہ چوتھی مملکت کہلاتی ہے حکومت کی تیسری آنکھ کے مماثل ہے عصری حیثیت و عصری حوادث کی فطری تصویر دیکھنا ہو تو اس علاقے و ملک کے روزناموں اور جرائد میں مل جائے گی۔ آج کے اخبارات میں بصیرت کے پہلو زیادہ ہیں کیونکہ وہ اپنے اطراف و اکناف کے حالات کو فطری طور پر محسوس کرتے ہیں۔ اس لیے قومی اور مادری زبانوں کی صحافت میں عصری دور میں روزناموں کی اہمیت و افادیت اور ضرورت اتنی زیادہ ہوگئی ہے کہ لوگ صبح اٹھتے ہی بنیادی ضرورت کے طور پر دودھ اور اخبار حاصل کرنے کی جستجو کرتے ہیں۔ دنیا کو عالمیانہ کے دور میں داخل کرنے میں روزناموں کے رول سے انکار نہیں، روزنامے اپنے دامن و جلو میں زندگی کے مکمل پہلوؤں اور مختلف شعبہ ہائے حیات کو پیش کرتے ہیں۔ اخبارات مقام و ملک کی سماجی، ثقافتی، تمدنی، معاشی اور سیاسی خدمت انجام دیتے ہیں۔ قوم کی تعمیر اور مستقبل سنوارنے کے لیے صحافت یعنی اخبارات کی بے پناہ ضرورت ہے۔

تاریخ پر ایک طائرانہ نظر ڈالیں تو محسوس ہوگا کہ لوگ معاشرتی اور سماجی اصلاح کے لیے اخبارات کا سہارا لیتے تھے۔ چنانچہ اردو کا اخبار جام جہاں نما 19 ویں صدی میں جاری ہوا۔ کمپنی کا اخبار تھا لیکن بتدریج عوامی مقبولیت حاصل کرتا گیا۔ سر سید احمد خاں نے 1870ء میں قوم کی تعلیمی، مذہبی، تہذیبی اور اخلاقی درستگی کے لیے صحافت کو محور بنایا اور اپنے جریدہ (تہذیب الاخلاق) کے ذریعہ تہذیب،

حقوق واخلاق کواجاگر کیا۔اس اخبار نے قوم وملک کوسنوارنے میں کوئی کسرنہیں چھوڑی۔اس اخبار نے اصلاحات کے ذریعہ تعلیمی، تمدنی اور تہذیبی مرکزیت عطا کی۔اسی طرح مولانا ابوالکلام آزاد نے الہلال، البلاغ کے ذریعہ قوم وملک کی بے پایاں خدمات انجام دیں۔قوم میں دینی جذبے کے ساتھ سیاسی جوش حریت کا جذبہ بیدار فرمایا۔اور پوری قوم کو آزادی کے لیے ایک جگہ اکٹھا کیا۔اس طرح کے بے پناہ کارنامے صحافت نے انجام دیئے۔اسی طرح مولانا محمد علی، مولانا شوکت علی نے کامریڈ اور ہمدرد جاری کیا۔گاندھی نے Young India اور گریجن اخبار نکالا۔اس طرح ملک کے دیگر ادیبوں اور شاعروں نے اپنی بساط بھر کوشش کے مطابق روزناموں کا اجرا عمل میں لایا اور ملک وقوم کو مسائل سے چھٹکارا دلایا۔ماضی میں صحافت کا ایک معیار متعین تھا لیکن حال میں زندگی کی ہماہمی بدل گئی عالمیانہ کا عمل شروع ہو چکا ہے فاصلے سمٹ گئے ہیں دوریاں ختم ہوگئی ہیں۔دنیا ایک عالمی گاؤں میں تبدیل ہورہی ہے سماج و قوم کے مسائل کی نوعیت ماضی جیسی نہیں رہی بلکہ علیحدہ انداز کے کئی مسائل پیدا ہوگئے اور عصری روزنامے ان کا انسداد کرنے پر مائل ہیں۔عصری دور کے روزناموں میں کیا کچھ نہیں ملتا۔سماجی سطح پر وہ سب کچھ مواد حاصل ہورہا ہے جو عوام چاہتے ہیں۔سیاست کے لیے سیاسی افکار نظریات اور عصری، سیاسی مسائل پر مبنی News کے علاوہ Views شائع کررہے ہیں۔تعلیمی لحاظ سے بھی اخبارات ایک حرکیاتی معلم کا کردار ادا کررہے ہیں سماجی وعصری ٹیچر کے علاوہ اخبار بھی اپنے جلو میں طلبہ کا مفاد، ضرورت کے تحت تعلیمی تدریسی اور مسابقتی مواد پیش کررہا ہے۔اس کی زندہ مثال روزنامہ سیاست، روزنامہ آج کا نظام آباد اور منصف حیدرآباد ہیں جن کی تعلیمی وعلمی خدمت ناقابل فراموش کارنامہ ہے۔ ان کے ساتھ ساتھ ملک کے جتنے اخبارات ورسائل جاری ہوئے ہیں ان میں کئی ایک اخبارات ورسائل قومی، ریاستی، علاقائی زبانوں میں ہیں۔علاقائی، جغرافیائی شعور اس سے حاصل ہوتا ہے۔اضلاع سے نکلنے والے اخبارات بھی تاریخی، تہذیبی اور معاشرتی ماحول کا شعور مقامی ادراک بہم پہنچاتے ہیں اس لیے ان کی اہمیت سے انکار نہیں۔ان تمام حالات کو مدنظر رکھتے ہوئے یہ کہا جاسکتا ہے کہ عصری صحافت عصری سماج کا آئینہ دار ہے جس میں قوم اس آئینہ کو رکھ کر اپنے خدوخال دیکھ سکتی ہے۔سماج کے عصری کوائف کا اظہار ہمیں ملک کے اخبارات میں مل جاتا ہے۔عصری زندگی کی بسیط وجامع کہانی روزناموں میں مل جاتی ہے اس لیے یہ کہا جاتا ہے کہ صحافت عصری زندگی کا آئینہ ہے۔

❖❖❖

20. مسلم طلبہ مسابقت کی دنیا میں

کسی بھی قوم کی ترقی میں علم اور تعلیم کلیدی رول ادا کرتے ہیں۔ تعلیم ہی مرکزی حیثیت کی حامل ہے جس سے انسان کی ہمہ جہتی ترقی ہوسکتی ہے۔ یہ بات اظہر من الشّمس ہے کہ آزادی کے بعد مسلمان معاشی اور تعلیم پسماندگی کا شکار ہوگئے ہیں۔ دراصل معاشی پسماندگی کی وجہ سے تعلیمی پسماندگی اصل محرک ہے۔ ورنہ مسلمان بھی دیگر طبقات کی طرح شانہ بہ شانہ ترقی کی طرف گامزن ہوتے۔ لیکن موجودہ عہد میں علم و تعلیم کا Network بہت وسیع ہوگیا ہے۔ اس کو حاصل کرنے کے لیے ذہنی اور معاشی طور پر Update ہونا پڑتا ہے۔ تعلیمی نظام پر عالم گیریت کے اثرات نمایاں ہورہے ہیں۔ تعلیمی نظام میں عصری علوم وفنون اور پیشہ وارانہ کورسس اور نت نئے مضامین متعارف ہوئے ہیں۔ علم طب' انجینئرنگ' IIT اور دیگر عصری کورسس کا بول بالا ہے۔ مذکورہ بالا کورسس کے لیے خطیر رقم درکار ہے۔ مسلم طبقہ کیسے عصری تعلیمی ارمان پورے کرے گا۔ ان کورسس کے حصول میں مسلمانوں کے لیے نہ کوئی تعلیمی تحفظات ہیں اور نہ خطیر رقم ہے' صرف چند دولت مند خاندانوں کے لڑکے عصری تعلیم حاصل کرلیں تو کیا یہ ملت کی ترقی کا موجب بنے گا؟ نہیں' ہونا تو یہ چاہیے تھا کہ مسلمانوں کا غریب اور اوسط طبقہ بھی عصری تعلیم کے فوائد و ثمرات سے استفادہ کرے لیکن ان کی نمائندگی صفر کے برابر ہے ان کے تناسب کو کیسے بڑھائیں' اس کے لیے صحیح Guidence اور مشورہ و رہنمائی کی ضرورت ہے۔ مسلم طلبہ کو ہائی اسکول کی جماعتوں سے اس کی طرف راغب کرنے کی ضرورت ہے۔ بچہ جب 8 ویں یا 9 ویں میں چلا جائے تو تب سے اس کا رجحان عصری کورس کی طرف کیا جائے۔ اور آج کل تو SSC کے بعد کیا کریں؟ اس کے متعلق ریاست و ملک میں لکچرز منعقد کئے جارہے ہیں اور ان لکچرز کے ذریعہ یہ ترغیب دی جاتی ہے کہ طلبہ میٹرک کی تکمیل پر ایسے کورسس کا انتخاب کریں جس سے ان کا معاشی مستقبل سنور سکتا ہے۔ IIT ہو یا دیگر پیشہ وارانہ کورسس اور ضامن روزگار کورسس ان سب کا مقصد حصول معاش ہے۔ معاشی و مادی زندگی سنوارنے کا رجحان ان عصری کورسس سے جڑا ہوا ہے لیکن کسی ماہر تعلیم نے آج تک یہ بات نہیں کہی کہ SSC کے بعد انٹر

میڈیٹ، بی اے، ایم اے اور ایم فل اور Ph.D کے درجات و تعلیم حاصل کریں۔ جب کہ روایاتی تعلیم کی ان ڈگریوں کی آج بھی اہمیت ہے۔لیکن ماحول میں سائنس اور ٹکنالوجی اور دیگر ضامن روزگار تعلیم کا غلبہ ہے اس لیے مسلم طلبہ بھی ایسے عصری رجحانات کی طرف مائل ہورہے ہیں۔عصری کورس کے حصول کے لیے مسلم طلبہ محنت وریاضت کو ایمان بنائیں۔اخلاص ومحبت محنت کی ترغیب دلائیں۔بغیر محنت ومشقت کے پھل ملنے والا نہیں۔دوسری اہم بات یہ ہے کہ طلبہ خطیر رقم دے کر داخلہ تو لے لیتے ہیں لیکن محنت سے جی چراتے ہیں جو کہ ہر طرح کے زیاں کا باعث ہوگا۔آج ہم کیوں پسماندہ ہورہے ہیں۔شاید ہمارے پاس ڈسپلن کا فقدان ہے، دوررس منصوبے نہیں اور محنت سے کوسوں دور جاتے ہیں۔زیادہ دیر تک سوتے رہنا اور دیر سے اٹھنا نوجوانوں کا معمول بنتا جارہا ہے۔وقت کو بے کار فضولیات میں گزارنا یا غیر اہم معاشرتی مسائل میں الجھنا اور معاشرتی وذاتی مسائل میں وقت لگانا، گھنٹوں دوستوں میں بیٹھ کر وقت ضائع کرنا وغیرہ۔اس طرح کی سرگرمیوں سے دور رہیں اور کسی بھی چیز کو پانے کے لیے انسان میں دلچسپی شوق و ذوق پیدا نہ ہو تو وہ آگے نہیں بڑھ سکتا۔یہ کام ماں باپ کا ہے کہ گھر میں بچے کو اچھی تربیت دیں اور گھروں کا ماحول علمی ودینی بنائیں۔گھر کے تعلیمی ماحول سے بچے میں محرکہ اور تعلیمی جبلت پیدا ہوگی وہ حصول علم کے لیے بے چین رہے گا۔دراصل ہم گھر میں ایسا ماحول فراہم کریں کہ بچے میں خود سے علم وتعلیم حاصل کرنے کا جذبہ پیدا ہوجائے۔کئی مسلم ماں باپ پریشان ہیں، کہتے ہیں ہمارے بچے کا ذہن تعلیم کی طرف راغب نہیں ہوتا۔بچوں کی بچپن سے علمی وتعلیمی ماحول میں پرورش ونشوونما کریں تو آگے چل کر وہ ضرور حصول علم میں پیش پیش رہے گا۔تعلیم کے تعلق سے سختی برتنے کی ضرورت نہیں بلکہ نفسیاتی اور دیگر طریقوں سے اس میں تعلیم حاصل کرنے کا محرکہ (Motivation) پیدا کریں۔مسلم طلبہ کو محرکہ کی اشد ضرورت ہے اور محنت وریاضت کو اپنا شیوہ بنائیں تو نہ صرف عصری کورس بلکہ ملک میں منعقد ہونے والے مسابقتی امتحانات میں کامیاب وکامران ہوسکتے ہیں۔

❖❖❖

21. مسلم طلبہ میں مطالعہ کی عادت

مطالعہ انسانی شخصیت اور سیرت و کردار کی تشکیل و تعمیر کا بہترین وسیلہ ہے۔ مطالعہ سے انسان‘ انسانیت کے درجہ پر پہنچ جاتا ہے۔ انسانی جوہر اس میں پیدا ہوتے ہیں۔ مطالعہ شخصیت سازی‘ ذہن سازی کا موجب بنتا ہے اور علم اور تعلیم و تعلم کا ادراک و شعور بھی حاصل ہوتا ہے۔ ماضی شاہد ہے کہ ہمارے اسلاف و مفکر و دانشور کو مطالعہ کی عادت ایسی پڑ گئی تھی کہ وہ ناگہانی اور پریشانی کے عالم میں بھی مطالعہ میں غرق رہتے تھے اور مفلسی و غریبی میں بھی مطالعہ کے شوق کو جاری رکھا کرتے تھے۔ مطالعہ کے لیے انسان میں ذوق و شوق کا ہونا ضروری ہے اور اپنے میں ایک تڑپ اور جستجو پیدا کریں۔ تعلیم اور مطالعہ دونوں لازم و ملزوم ہیں۔ انسان میں مطالعہ کی عادت بے حد ضروری ہے۔ کورا ذہن کس کام کا‘ مطالعہ کرنے سے نہ صرف وسیع معلومات بلکہ بصارت و بصیرت بھی حاصل ہوتی ہے۔ فکر و دانشوری کے سوتے مطالعہ سے پھوٹ پڑتے ہیں۔ ایک زمانہ تھا لوگ اپنی سماجی معاشی اور سرکاری فرائض کو انجام دینے کے دوران اپنے ساتھ کسی علمی یا ادبی کتاب کو ساتھ لے لیتے تھے۔ یعنی کتاب‘ ناول افسانوی مجموعہ یا شعری مجموعہ پاکٹ سائز کتب اور ڈائجسٹ بک اپنے ساتھ رکھنا شان سمجھتے تھے اور ہر شخص کی جیب میں کوئی نہ کوئی چھوٹی سائز کی کتاب ہوتی تھی۔ کتاب کو بہت اہمیت دی جاتی تھی لوگ مطالعہ کے لیے کوئی نہ کوئی کتاب اپنے ساتھ ضرور رکھتے تھے لیکن اب حالات بدل گئے ہیں۔ آج کے پرآشوب اور تناؤ کے زمانے میں کتابوں سے بہت کم دلچسپی محسوس ہوتی ہے۔ کتابوں کے مطالعہ سے مصنف کی ہمت افزائی ہوتی ہے اور کتابیں خریدنے سے ادب اور کتابیں لکھنے کا شوق بڑھے گا اور کتابی کلچر اور Study Culture فروغ پائے گا۔ لیکن الکٹرانک میڈیا اور ٹی وی کے مختلف چینل نے بچوں سے مطالعہ کے شوق کو ماند کر دیا۔ بچے اپنا زیادہ تر وقت بجائے کتابوں کے مطالعہ کے ٹی وی کے سامنے گزارتے ہیں۔ اب تو Internet بھی علمی اور ادبی مواد فراہم کرتا ہے اور دنیا کو لمحوں میں پیش کرتا ہے لیکن اس کا صحیح استعمال قومی ترقی کا ضامن بنے گا۔ Internet کا بے جا استعمال بھی ہو رہا ہے اور انٹرنیٹ رحمت کے بجائے

زحمت زیادہ محسوس ہورہا ہے۔ مطالعہ کا شوق کی ایک بہترین مثال جناب ہاشم علی اختر صاحب ہیں۔ جب وہ ہائی اسکول کی اسٹیڈیز میں تھے اس وقت حیدرآباد میں خاص کر یاقوت پورہ الماس کی مسجد کے مستقل میدان میں بلدیہ کی ایک لائٹ تھی اور گھروں میں روشنی ندارد تھی اس لائٹ کی روشنی میں وہ مطالعہ کرتے تھے اور مطالعہ ہی کے ذریعہ انہوں نے قوم وسماج میں اعلیٰ وارفع مقام حاصل کیا۔قوم وملک کے دانشور اور مفکر کہلائے اور IAS بن کر ملک کے کئی اعلیٰ سرکاری عہدوں پر فائز رہے لہٰذا کتب بینی کا شوق اپنے اندر پیدا کریں۔اور نصابی کتابوں کو پڑھیں' مطالعہ کرنے کی عادت ڈالیں۔روزانہ 4 گھنٹے کا مطالعہ ناگزیر ہے۔یہی چیز منزلوں کے حصول ہے اور قوموں کی ترقی کو ممکن بناتی ہے۔

❖❖❖

22. فاصلاتی تعلیم اور معیار

ملک بھر میں فاصلاتی تعلیم کی فراہمی کے لیے امبیڈکر اوپن یونیورسٹی MAANU/,IG No.4 اور دوسرے فاصلاتی تعلیم کے مراکز قائم ہیں۔ان اعلیٰ تعلیمی اداروں میں یو جی اور پی جی کے ساتھ ایم فل اور پی ایچ ڈی کی سہولتیں بھی دستیاب ہیں۔ مذکورہ جامعات میں یو جی کورس جو اعلیٰ تعلیمی مرحلوں کو جاری رکھنے کے لے اہم زینہ ہوتا ہے اس میں داخلہ کے لیے سطحی انٹرنس ٹسٹ منعقد ہوتا ہے۔اس ٹسٹ میں اہلیت کے لیے کوئی شرائط لاگو نہیں ہیں۔امیدوار بغیر کسی ابتدائی تعلیم کے اور بنیادی پختگی کے مذکورہ امتحان میں شرکت کرتا ہے اور کامیابی پر داخلہ کا تکملہ بھی ہو جاتا ہے۔نصابی مواد طلبہ کے رہائشی پتوں پر ارسال کئے جاتے ہیں اور ہر اتوار کو کونسلنگ کا اہتمام کیا جاتا ہے۔Assingment دیئے جاتے ہیں گرمائی جماعتوں کا انتظام بھی کیا جاتا ہے اس قسم کی تعلیم کے لیے بہت کمزور طلبہ آتے ہیں ان کی بنیادی تعلیم میں پختگی بھی نہیں ہوتی اور نہ کسی قسم کی ابتدائی و بنیادی تعلیمی تربیت ہوتی ہے۔ایسے ہی افراد کو یو جی سطح پر لا کھڑا کر دیا جاتا ہے۔شاید اس طرح کے طریقے سے خواندگی میں تو اضافہ ہوگا لیکن معیار اور قابلیت پیدا ہونا دشوار ہے۔ ویسے اس طرح کی تعلیم کے فروغ کی وجہ سے ایس ایس سی اور انٹرمیڈیٹ کی ہمہ مقصدیت عظمت و اہمیت میں کمی ضرور آجائے گی۔ایک زمانے میں نظام تعلیم میں بنیادی وکلیدی اعتبار سے ایچ ایس سی، ایس ایس سی کو بہت زیادہ اہمیت و وقعت حاصل تھی اور یہ درجے تعلیمی پختگی کے ضامن تھے۔اسی درجہ پر آئندہ و مستقبل کی تعلیم کا دارومدار تھا۔لیکن عصری دور میں اس کی اہمیت فاصلاتی تعلیم کی وجہ سے گھٹ گئی ہے اب طریقہ تعلیم سے معیار، قابلیت وصلاحیت کی امیدیں وابستہ رکھنا کار دارد ہے۔ شرح خواندگی میں اضافہ تو ہوگا لیکن معیار کے لحاظ سے افادیت بخش نہ ہوگا۔ کچھ ایسے منصوبے اور پراجکٹ بنائیں جس سے فاصلاتی تعلیم کے خواہش مندوں میں تعلیمی لحاظ سے پختگی آئے۔

❖❖❖

23. تعلیمی معیار کی پستی ۔اسباب ومحرکات

تعلیم تمام پیشوں کی ماں ہے اور یہ قوموں کی ذہنی تعمیر کا باعث ہوتی ہے ملک وقوم کا عروج تعلیم پر منحصر ہوتا ہے۔ ہمارے ملک میں تعلیم کا شعبہ ریاستی اور مرکزی حکومت کے تحت ہے چونکہ دستور کی مشترکہ فہرست میں اس کو شامل کیا گیا ہے۔ سیاسی لحاظ سے اس پر گرام سبھا کے ممبروں سے لے کر پارلیمنٹ ممبر تک اس کے مربی وسرپرست ہوتے ہیں اور انتظامی لحاظ سے DEO سے لے کر UGC تک اس کی نگرانی اور سرپرستی فروغ وترقی کے ذمہ دار گردانے گئے ہیں اور مختلف تعلیمی کمیٹیوں کا قیام بھی عمل میں لایا گیا۔ لیکن پھر بھی بنیادی اور اعلیٰ تعلیم پستی اور گروات کا شکار ہوگئی خاص کر ریاست آندھرا پردیش میں تعلیمی شعبہ میں انحطاط 1969ء سے پیدا ہوگیا۔ تلنگانہ احتجاج کا مقصد کچھ بھی ہو لیکن اس دور سے تعلیمی اداروں ودرس گاہوں میں سیاست کا غلبہ واثر ورسوخ بڑھتا گیا۔ جس کی وجہ سے تعلیمی ماحول متاثر ہوا۔ بلکہ طلبہ میں تعلیم سے رغبت ودلچسپی کم ہوتی گئی۔ البتہ طلبہ میں سیاسی شعور اجاگر ہوا۔ طلبہ یونین کے انتخابات اور سیاسی سرگرمیاں بھی تعلیم کے حصول میں رکاوٹ بنتی رہی ہیں اور معیار بھی گرتا گیا اور یہاں تک کہ طلبہ انتخابات کی وجہ سے تعلیمی اداروں میں تشدد بھی پھوٹ پڑا۔ بعد میں تعلیمی اداروں میں سیاسی سرگرمیوں کو موقوف کرنے کے لیے طلبہ یونین پر امتناع وپابندی عائد کی گئی۔ اس کے باوجود آج بھی ملک کے اعلیٰ تعلیمی ادارے سیاسی آماجگاہ بنے ہوئے ہیں لہٰذا معیار کی بہتری کے لیے درس ودانش گاہوں کو سیاست وسیاست دانوں سے الگ تھلگ رکھنا ناگزیر ہے۔ اساتذہ کی جانب سے Tuition کا اہتمام دراصل طلبہ کی تعلیمی زندگی کے استحصال کے مترادف ہے۔ کیونکہ Tuition کے لیے وہی طلبہ جاتے ہیں جو امیر گھرانوں سے وابستہ ہوتے ہیں جیسے جیسے تعلیمی نظام میں بازساخت اور نئے مضامین کو متعارف کروایا جاتا رہے گا ویسے ویسے Tuition کی مانگ میں اضافہ ہوتا رہے گا۔ آئے دن کوچنگ کے نام پر طلبہ طبقہ کا استحصال ہو رہا ہے۔ آندھرا پردیش میں این۔ ٹی۔ آر نے اپنے دور حکومت میں Tuition پر پابندی عائد کرنے کے لیے قانون سازی کی پہل کی تھی بعد میں یہ مسئلہ برف دان کی نذر

ہوگیا۔اس طرح کے عمل سے عام طور پر معیار گھٹتا ہے۔حکومت کی طرف سے خانگی اداروں کی ہمت افزائی بھی تعلیمی معیار کے کم ہونے کا باعث بن جاتی ہے کیونکہ طلبہ جیسا پیسہ ویسی تعلیم کے کلیہ پر عمل کرتے ہوئے خانگی اداروں کا رخ کرتے ہیں۔نتیجہ یہ نکلتا ہے کہ تعلیم میں مادیت غالب آجاتی ہے تعلیمی سال کے آغاز میں تاخیر اور نصابی کتابوں کی بروقت ترسیل نہ ہونے کی وجہ سے بھی تعلیم وتدریس پر منفی اثرات مرتب ہوتے ہیں اس ضمن میں اس امر کو پیش کرنا بے جا نہ ہوگا کہ اکثر اساتذہ طلبہ سے دوستانہ انداز اپناتے ہیں اور ایک ساتھ ہوٹل میں چائے پینے اور یہاں تک کے سینما دیکھنے سے بھی گریز نہیں کرتے۔لیکن طلبہ استاد میں حد فاصل ہونا ناگزیر ہے۔ویسے آج کے سماج میں استاد کی عزت وتعظیم اتنی نہیں ہورہی ہے جتنی پہلے کے سماج میں ہوا کرتی تھی۔اساتذہ عمل وکردار کا بہترین نمونہ پیش کریں گے تو اس کا نفسیاتی اثر طلبہ پر بھی پڑے گا۔اکثر یہ بھی مشاہدہ میں آرہا ہے کہ اساتذہ چند گھنٹوں ملازمت کی مصروفیات کے بعد اپنا وقت تجارت اور کاروبار کی نذر کردیتے ہیں یہاں تک کہ کبھی کبھی اپنے روزمرہ فرائض سے چشم پوشی وتساہل برتتے ہیں اور ذاتی مصروفیات وکاروبار کی ترقی میں مشغول ہوجاتے ہیں جس کی وجہ سے تعلیمی ماحول اور تعلیمی معیار متاثر ہوتا ہے۔دیگر قومی سرگرمیاں اور مردم شماری۔جنم بھومی کلین اور گرین پروگرام کی تکمیل کے لیے اساتذہ سے استفادہ کیا جاتا ہے۔جس کی وجہ سے تعلیمی معیار پر غلط اثرات مرتب ہوں گے۔یہاں تک کہ بند،ہڑتالیں،بائیکاٹ کا اثر بھی تعلیم کو متاثر کردیتا ہے۔مذکورہ بالا اسباب ومحرکات تعلیمی معیار کے فروغ وارتقاء میں رکاوٹ بنتے ہیں۔

❖❖❖

24. طلبہ میں تحریر، تقریر و تخلیق کی صلاحیت ناگزیر

تربیت کا دارومدار بہترین و عمدہ تعلیم پر منحصر ہے۔ تعلیم جتنی موثر اور حرکیاتی ہوگی طلبہ میں تربیت کا پہلو اتنا ہی اجاگر ہوگا۔ جدید تعلیمی نظام میں طلبہ کو امتحانی نقطہ نظر سے تیار کیا جارہا ہے اور طالب علم عین امتحانات کے موسم میں مطالعہ میں مصروف ہوجاتے ہیں اور یہ معمول روایت بنتی جارہی ہے۔ طلبہ کو علمی و نصابی مواد دے کر تدریس سے پیچھا نہیں چھڑا سکتے بلکہ درس و تدریس کے دوران طلبہ کی شخصیت سازی بھی ناگزیر ہے۔ ان میں تحریری صلاحیت کو اجاگر کرنے میں استاد کا اہم کردار رہا ہے۔ استاد محرکہ پیدا کرے اور تحریر کے اصول بتلائے کہ کسی بھی موضوع پر تحریری مضمون کے کیا طریقے ہیں؟ عموماً تحریر کے لیے تین اصول مقرر ہیں۔ ابتدائی حصہ میں موضوع و مضمون سے متعلق تمہید باندھی جاتی ہے اور اہم نکات کو پیش کیا جاتا ہے۔ درمیانی حصہ میں جو نکات تمہیدی حصہ میں بیان کئے گئے ان کو مزید وضاحت کے ساتھ وسعت دی جاتی ہے۔ مضمون کا آخری حصہ اختتامی ہوتا ہے جس میں مضمون نگار موضوع سے متعلق اپنا خیال و نظریہ اور نچوڑ پیش کرتا ہے۔ اسی طرح تقریری صلاحیت و قابلیت بھی طلبہ میں اجاگر ہونا ضروری ہے۔ اس میں بھی عنوان کی تمہید اور پیشکشی، لب و لہجہ، مواد کو سلیقہ سے پیش کیا جاتا ہے۔ دراصل تحریری و تقریری صلاحیت طلبہ کے مستقبل کو سنوارتے ہیں۔ ان میں اس قسم کی قابلیت سے مصنف اور مفکر کا مقام حاصل ہوگا۔ خیال و افکار کو تازگی ملتی ہے اور زبان و ادب کو تقویت حاصل ہوتی ہے۔ موجودہ وعصری تعلیمی اداروں میں طلبہ کی تحریر و تقریر پر بہت کم توجہ دی جاتی ہے جس سے ان کا یہ حصہ کمزور معلوم ہوتا ہے، استاد ہو کہ طلبہ دونوں نصابی کتب اور نصابی اسباق کی تکمیل میں مصروف ہوجاتے ہیں۔ تربیت ایسی ہو کہ طلبہ میں تحریر و تقریر کی صلاحیت تخلیق پائے۔ ماضی میں 12 سال کے بچے بھرے مجمع میں بڑی بے باکی سے فکر انگیز تقریر کرتے تھے۔ موجودہ دور کے بچے احساس شرمندگی میں مبتلا ہو کر اس جوہر سے محروم ہورہے ہیں۔ کہتے ہیں تقریر کرنے میں اکثر طلبہ کو Satge Fear ہوتا ہے۔ لیکن اس کو دور کرنے کے لیے مختلف طریقے ہیں۔ مشق سے ڈر و خوف دور ہوگا اور بے باکی و روانی سے تقریر

کرنے کی صلاحیت پیدا ہوگی۔ طلبہ کو امتحانات کی تیاری وتربیت کے ساتھ ساتھ ان میں تقریری اور تحریری صلاحیت کو اجاگر کرنا وقت کا تقاضہ بھی ہے اور عالمی ماحول بھی اس جانب متوجہ کرتا ہے۔ تحریر ہو یا تقریر موضوع سے متعلق بات یا خیالات ترتیب سے پیش کرنا ہوگا۔ خاص کر تقریر میں لوگ بے ربط ہوجاتے ہیں اس لیے تقریری قابلیت کے لیے مشق ضروری ہے۔ بغیر مشق کے صلاحیت کیسے پیدا ہوگی؟ اساتذہ اپنی تدریس کے دوران بچوں کے اُس جوہر کو سامنے لائیں، انہیں تلقین کریں کہ لکھتے رہیں لکھنے سے قابلیت میں اضافہ ہوگا۔ قوم وملک کے دانشور اور مفکر کہلائیں گے۔ سماجی انجینئر اور سماجی سائنس داں بننے کے لیے تقریر اور تحریر میں مہارت پیدا کریں۔ یہی دو چیزیں ہمہ جہت ترقی کی ضامن ہوگی۔ اور مستقبل سنہرا و شاندار بنے گا۔

❖❖❖

25. عصری تعلیم کا منشا اور غرض وغایت

تعلیم ایک مقدس شعبہ و پیشہ ہے۔اس کی حرمت وتوقیر روز اول سے ہی سب پر عیاں ہے اور تعلیم ہی سے دنیا مہذب بنی اور ترقی کے منازل بتدریج طئے کرتی رہی۔لوگ تعلیم کو مختلف خانوں میں بانٹ دیئے اور اس کو مختلف ناموں وعنوانوں سے معنون کرنے لگے' حالانکہ تعلیم کا عمومی اور مجموعی کردار تربیت کرنا ہے اور آدمی کو انسان بنانا ہے۔انسانیت کی ترقی اس کی بقاء تعلیم ہی میں مضمر ہے لیکن عالم گیریت وعالمیانہ کے اس دور میں خاص کر عصری تعلیم کا بول بالا ہے اور باز ساخت و پیشہ وارانہ کورسس کی مانگ دن بہ دن بڑھتی جارہی ہے۔لوگ خطیر رقم دے کر تعلیم کے حصول کو جاری رکھے ہوئے ہیں۔خاص کر Medicine اور انجینئرنگ کی تعلیم کے حصول میں بہت تگ ودو کی جاتی ہے اور پورے ہندوستانی نظام میں مذکورہ تعلیم کی لہر مروج ہے۔لیکن اس کے برعکس سماجی اور اخلاقی علوم پر کم توجہ دی جارہی ہے۔ایسا محسوس ہوتا ہے کہ بچے کو فطری طور پر اکسایا جارہا ہے کہ وہ طب اور انجینئرنگ یا IT کی تعلیم پر توجہ دے۔کئی ایسے جدید ونت نئے کورسس لاگو کئے جارہے ہیں۔لیکن ایسی تعلیم بھی ناگزیر ہے جس سے فرد کے اخلاقی تقاضے پورے ہوں اور انسانیت کے فروغ وتقویت میں ممد ومعاون ثابت ہو۔کوئی اس طرف نہیں سوچتا' ویسے تربیت والی مثالیں شاذ ونادر ہی دی جاتی ہیں اور عصری تعلیم کی غرض وغایت بھی سالم معاشی ومادی سکون ہے۔ہر کوئی جدید کورسس کے ذریعہ تربیت پاکر معاشی آسودگی حاصل کرنے کی فکر میں لگا رہتا ہے۔یہی عصری تعلیمی نظام اور عصری تعلیم کا مقصد ومنشا ہوکر رہ گیا ہے۔اس طرح کے عمل سے نہ صرف تعلیمی نظام بلکہ سماج ومعاشرہ میں مادیت کا غلبہ ہوجائے گا اور اس طرح سماج میں انسان اور انسانی قدروں کی اہمیت گھٹ جائے گی۔ایسے تناظر وپس منظر میں عصری تعلیم ومضامین کے ساتھ ساتھ روایتی مضامین کو مربوط کریں تاکہ اخلاقی تربیت کا سامان نکل آئے۔خالص مادی تعلیم سے ملک وسماج میں اخلاقی بحران پیدا ہوگا اور نت نئے سماجی اور معاشرتی مسائل پیدا ہوں گے۔ایسے میں اخلاقی شعور وسبق عطا کرنے والے مضامین کو جدید تعلیمی نظام میں متعارف کروائیں' سماج ہمہ جہت انداز سے ترقی کرے گا۔

❖❖❖

26. ڈگری کی خاطر تعلیم

اقوام کی ترقی کا دارومدار تعلیم جیسے مقدس شعبہ پر منحصر ہے سماج ومعاشرہ کی تربیت بھی تعلیم پر مبنی ہے۔علم سے ہی قومیں معزز ومہذب کہلاتی ہیں' تعلیم ہی کی بنیاد پر انسان تمام مخلوقات میں اشرف قرار دیا گیا اور اسی سے فرد کی روحانی واخلاقی درستگی وتربیت ہوتی ہے۔انسانیت کے فروغ کے لیے عصری وجدید تعلیم کے ساتھ ساتھ دینی اور اخلاقی تعلیم بھی ناگزیر ہے اور عقل کا تقاضہ بھی یہی ہے کہ تعلیم سے روحانی اور اخلاقی اصلاح کا کام لیں ورنہ سماج میں ہیجان وانتشار پیدا ہوگا۔لیکن آج کے مادہ پرستی کے ماحول میں تعلیم کا منصب مقصدیت ہوگیا ہے اور تجارتی خطوط پر تعلیم کا انصرام ہورہا ہے اور تعلیم کو صارف کے تناظر میں محسوس کیا جارہا ہے۔سودوزیاں کے پس منظر کو پیش نظر رکھتے ہوئے تعلیم کا حصول جاری ہے۔ پیسے کی ہوس اور سماج میں مادہ پرستانہ اقدار ومعاشی بے چینی کی وجہ سے ڈگری کی خاطر حصول تعلیم کا تصور ورواج پختہ ہوتا جارہا ہے اور ایسا رویہ قوم وملک کے لیے تباہ کن حقیقت ہے اور ملک اخلاقی وروحانی بحران کا شکار ہوجائے گا۔اسناد اور صداقت نامے ہی طالب علم کی زندگی کا محور ومرکز بنتے جارہے ہیں اور تعلیم کو روزگار سے مربوط کیا جارہا ہے۔اگر علم کے حصول میں مادی پہلو ہی اول وآخر قرار دیا جانے لگے تو قوموں کی ذہنی نشوونما مفلوج ہوجائے گی اور معاشرہ اخلاقی گراوٹ کا شکار ہوجائے گا۔ تعلیم اور ڈگری کے حصول کا شوق وذوق فطری نہیں بلکہ مصنوعی ہورہا ہے۔تعلیم فرد کی روحانی اور اخلاقی تربیت کا نام نہیں رہی بلکہ افراد کی معاشی ومادی کفالت کا ضامن ثابت ہورہی ہے۔ملک کا سماجی وتعلیمی ڈھانچہ اس طرح سے تیار ہورہا ہے کہ اس میں مالی ومادی قدریں نشوونما پارہی ہیں۔اب سماج میں سکون اور روحانی واخلاقی آسودگی نہیں رہی۔

دورحاضر میں جامعات کا کام صرف داخلہ دینا اور امتحان منعقد کرنا ہوتا جارہا ہے نتائج اور فیس کا حصول بھی اس کے فرائض میں داخل ہے۔بہرحال طلبہ کے داخلہ سے جامعات کی بقاء ہوتی ہے لیکن درس گاہوں کا یہ حال ہے کہ طلبہ کی جماعتوں میں عدم شرکت ہے اور حاضری پر سختی سے عمل ندارد

ہے۔کم حاضری پر طلبہ طبی صداقت ناموں کے ذریعہ امتحان میں شرکت کرتے ہیں۔ایک زمانہ تھا جس میں طالب علم اور استاد کو تعلیم کے لیے ذمہ دار گردانا جاتا تھا لیکن آج صرف طالب علم ہی اپنی تعلیم کا خود مکمل ذمہ دار ہوتا ہے۔طلبہ میں عدم سنجیدگی اور ذوق وشوق کی کمی وDisipline کا فقدان ہے اسی لیے آئے دن تعلیم کے حصول میں بے قاعدگیاں پائی جاتی ہیں۔گائیڈز اور Tuition کو چنگ کی فراوانی سے ڈگری کا حصول آسان وسہل ہوگیا۔شرح یا گائیڈز سے بعض اساتذہ کا جماعتوں میں استفادہ اور طلبہ سے شخصی امور کی انجام دہی اور ان کو ذاتی اغراض ومقاصد کے لیے کام میں لانا یقیناً تعلیم برائے ڈگری کے عمل کو تقویت دیتا ہے اس طرح کے عمل ورویہ سے طلبہ میں ذہنی نشو ونما وصلاحیتیں اور لیاقتیں اجاگر نہیں ہوسکتیں۔لہٰذا ضرورت اس بات کی ہے کہ تعلیمی عصری نظام وجدید تقاضوں کوملحوظ رکھتے ہوئے طلبہ کی فطری صلاحیتیں پروان چڑھانے کے لیے انقلابی تبدیلیاں لائی جائیں ورنہ تعلیم برائے ڈگری کا تصور فروغ پائے گا۔

❖❖❖❖

27. اردو اور نئی نسل

حیدرآباد شہر کی تاریخی عمارتیں مثلاً گولکنڈہ قلعہ، گنبدان قطب شاہی، مکہ مسجد اور چارمینار ثقافتی لحاظ سے منفرد کہلاتی ہیں۔ اس شہر کی خوبی وخصوصیت یہ ہے کہ یہاں کے عوام شیر وشکر کی طرح رہتے ہیں اور قومی یکجہتی کا بے مثال نمونہ ہیں۔ شہر تاریخی، تہذیبی اور ثقافتی لحاظ سے مالا مال ہے اور ادبی لحاظ سے دیکھا جائے تو قطب شاہی خاندان نے بہ نفس نفیس خود زبان وادب کی خدمت بجالائی بلکہ شعراء وادیبوں کی سرپرستی کی۔ ان کی سلطنت اور حکومت کے داد ودہش کے چرچے سن کر دیگر علاقوں کے شعراء اور ادیب جمع ہونے لگے جس سے زبان وادب کو فروغ دینے میں مدد ملی۔ ادبی وشعری سرگرمیوں کے علاوہ حیدرآباد کو اردو کانفرنس منعقد کرنے کا اعزاز بھی حاصل ہے۔ ماضی میں کئی کانفرنسیں یہاں منعقد کی جاچکی ہیں۔ اردو کانفرنس جو ڈاکٹر محی الدین قادری زورؔ کی صدارت میں حیدرآباد میں منعقد ہوئی تھی جس میں مولوی عبدالحق، رشید احمد صدیقی اور آل احمد سرور نے بھی شرکت کی تھی۔ یہ بات 1942ء کی ہے، اس طرح ماضی میں کئی اردو کانفرنسیں منعقد ہوئیں، جس میں اردو کے مسائل کے حل کے لیے کوششیں کی گئیں۔

اردو سے متعلق مسائل اور ان کے حل کے لیے حیدرآباد شہر میں محفلیں ومجالس کا انعقاد عمل میں آتا رہا ہے اور آئندہ بھی شہر اردو میں قومی اور عالمی کانفرنسیں منعقد ہوتی رہیں گی۔ ان میں اردو کے تعلیمی، ادبی وعملی مسائل پر غور وخوض ہوتا ہے، ان کو حل کرنے کی باتیں ہوتی ہیں اور حکومت کے ایوانوں تک ان مسائل کی پیشی ہوتی ہے لیکن کئی ایسے اردو کے دیرینہ مسائل ہیں جو آج تک حل نہیں ہوسکے۔ حل طلب امور میں یہ بات اہمیت کی حامل ہے کہ جب نئی نسل میں اردو پڑھنے والے نہیں ہوں گے تو پھر اردو کے علمی، ادبی وتعلیمی منصوبے کیسے تکمیل پائیں گے؟ بات جب نئی نسل کی چلی ہے تو ہم یہ کہیں گے کہ غیر اردو داں طبقے میں بھی اردو کی تعلیم وتربیت ہونی چاہیے۔ چنانچہ اس سلسلے میں اردو کو ریاست کے تعلیمی اداروں میں لازمی زبان قرار دینا وقت کا تقاضہ بھی ہے اور قومی یکجہتی وہم آہنگی کا ذریعہ بھی۔ اردو کی

انجمنیں اور ادارے نئی نسل میں اردو کو عام کرنے کی کوشش کریں۔

بہر حال اردو داں طبقہ کا فرض بنتا ہے کہ وہ نئی نسل کو اردو سے کچھ اس طرح واقف کروائے کہ اس کے تخلیقی سوتے خشک نہ ہونے پائیں۔ یاد رکھیں اگر نئی نسل اردو سے بے بہرہ و بے نیاز ہوگئی تو اکیسویں صدی میں کوئی اردو کا نام لیوانہ ہوگا۔ ماضی کی لسانی تاریخ شاہد ہے کہ جو قوم اپنی زبان سے دانستہ چشم پوشی کرتی ہے وہ گونگی کہلاتی ہے۔ ان کے ادبی، تہذیبی، ثقافتی و معاشرتی نقوش مٹ جاتے ہیں، اب بھی وقت ہے کہ اردو داں حضرات بیدار ہو جائیں اور اس کی ترویج و اشاعت اور اس کی ترقی کے لیے جدو جہد کریں۔ اس کے علاوہ اردو مدارس سے وابستہ اساتذہ کا بھی فرض بنتا ہے کہ وہ جہاں کہیں بھی ہوں، وہاں اردو کی بقاء کے لیے کوشش کرتے رہیں۔ اردو کی درس و تدریس کو ایک مقدس و مذہبی فریضہ سمجھ کر خدمات انجام دیں، تساہل اور غفلت سے قوم پیچھے ہو جائے گی۔ جب تک اردو اساتذہ اور طلبہ محنت و مشقت نہ کریں اردو کا معیار نہ بنائیں تب تک اردو اور اردو والے قومی دھارے میں کیسے فٹ ہو سکتے ہیں؟ اردو کا معیار اردو اساتذہ سے بنے گا جب کہ طلبہ بھی خود میں قابلیت پیدا کریں۔ ہمیں اردو کو روٹی و روزگار سے جوڑنے کے لیے عصری و پیشہ وارانہ مضامین کو اردو میں ڈھالنا چاہیے تا کہ اردو داں طبقہ زمانے سے ہم آہنگ ہو سکے اور ان کے معاشی مسئلے حل ہو سکیں۔ اس طرح سیاسی سطح پر اردو کے مسائل حل طلب ہیں۔ ریاست کے عوامی محکموں اے پی ایس آر ٹی سی اور دیگر عوامی ضرورت کے محکموں میں اردو کا چلن عام ہو۔ لیکن افسوس سرکاری چلن ابھی تک ندارد ہے، کہنے کو تو 14 اضلاع میں اردو کو دوسری سرکاری زبان بنانے کا اعلان ہوا لیکن عملی طور پر کچھ نہیں ہو سکا۔ ریاست کے انگریزی میڈیم اسکولوں میں اردو داں طبقے کی تعداد بہت زیادہ پائی جاتی ہے تو ایسے میں ان اداروں میں اردو کو زبان اول کے طور پر لازمی طور پر پڑھائی جائے تو اردو کی ترقی کے نئے مواقع پیدا ہو سکتے ہیں۔ لیکن یہ کام تمام اردو اداروں و تنظیموں کا ہے۔

اردو ہے جس کا نام ہمیں جانتے ہیں داغؔ
ہندوستاں میں دھوم ہماری زباں کی ہے

❖❖❖

28. اردو زبان کی اہمیت اور ترقی

زبان سماجی اور معاشرتی ضرورت کے لیے بے حد ناگزیر ہے اور یہ فطری و جبلتی اظہار ہے۔ زبان مواصلات کا بہترین ذریعہ ہے' اسی بنیاد پر انسان کائنات میں اشرف و افضل مانا جاتا ہے۔ تمام مخلوقات میں انسان کو زبان کی اساس پر فضیلت حاصل ہے۔ زبان کے بغیر زندگی اور تہذیب کا تصور محال ہے۔ انسانیت کی ترقی کے لیے زبان کی اہمیت سے انکار و مفر نہیں۔ انسانی قدروں کے فروغ اور تہذیب و تمدن کی بقاء کے لیے زبان کی بقاء ضروری ہے۔ اِسی سے معاشرتی رشتے اور مشترکہ قدریں پروان چڑھتی ہیں۔ اگر زبان کے تعلق سے یہ کہا جائے تو بے جا نہ ہوگا کہ زبان نہیں تو ذہن نہیں اور ذہن نہیں تو زندگی نہیں۔ اس لیے انسانی وجود اور اس کی بقاء کے لیے زبان ضروری ہے۔

علاقائی و جغرافیائی حد بندیوں کی وجہ سے زبانیں مختلف علاقوں میں محدود ہوگئی ہیں۔ ہر ملک کی تہذیب اور سماجی قدروں کی بقاء و تقویت کے لیے زبانیں اہم رول ادا کرتی ہیں۔ یہ زبان ہی تھی جس کے ذریعہ سے انگریزوں کی تہذیب پورے عالم پر مسلط ہوتی گئی۔ چنانچہ ہم دیکھتے ہیں انگلش کلچر کے نقوش مختلف علاقوں پر انگریزی کے ذریعہ مروج ہوگئے ہیں انگریزی لباس وضع قطع اور انگریزی تہذیب و تمدن مغرب و مشرق میں ایسے رچ بس گئے ہیں کہ لوگ اپنی مقامی تہذیب اور زبان کی تہذیب و روایت کو بھولتے جا رہے ہیں۔ جب کہ مقامی تہذیب اور قومی و ملکی کلچر ملک کی زبانوں سے فروغ پاتے ہیں۔ مختلف ریاستوں میں مختلف زبانیں مروج ہیں اور ہر ریاست کی اپنی علحدہ لسانی و تہذیبی شناخت ہے۔ ٹامل' ملیالم' کنڑ' تلگو' مراٹھی' راجستھانی' گجراتی' برج بھاشا' ہندی' اردو' پنجابی' ہریانوی وغیرہ اپنے اپنے علاقوں میں مروج ہیں بولی لکھی اور سمجھی جاتی ہیں ان زبانوں کا مخصوص کلچر کسی نہ کسی علاقے میں پرورش پا رہا ہے۔ اردو بھی دلی کے دوآبے کے علاقے میں پیدا ہوئی جس کا ادبی سرمایہ بے مثال ہے اور بتدریج اس میں اضافہ ہوتا جا رہا ہے۔ عصری دور میں تخلیقی معرکے جاری ہیں اور رہیں گے۔ گیسوئے اردو سنوارنے میں تمام طبقات مشغول و منہمک ہیں اس لیے یہ مشترکہ و قومی یکجہتی کی زبان تصور کی جاتی ہے۔ ہر طبقہ و فرقہ کے لوگ اردو بولتے ہیں۔ معاشی' تہذیبی و تمدنی ضرورتوں کے لیے اردو کا استعمال ہوتا ہے

لیکن آزادی کے بعد اردو کی سالمیت ختم ہوگئی۔ ہر ریاست لسانی اقلیت میں بٹ گئی اور اب بعض ریاستوں میں اردو بولنے والوں کی تعداد کم ہوتی جارہی ہے۔اگر آج بھی ہندو‘ مسلم‘ سکھ‘ عیسائی اس کے سیکھنے میں لگ جائیں یا لکھنے کی کوشش کریں تو اردو کا سنہرا ماضی لوٹ آئے گا۔ابھی سے دیگر ابنائے وطن میں اردو سکھانے کا عمل شروع کردیں تو اردو فروغ پائے گی۔زبان کو کسی قوم وفرقہ سے جوڑنا مناسب نہیں اور مخصوص طبقہ سے معنون کرنا بھی غیر انسانی ہے۔زبانیں کسی کی ذاتی میراث نہیں ہوتیں‘ البتہ زبانوں میں کسی بھی قوم کی تہذیب وکلچر کی عکاسی ہوتی ہے۔ملکی تہذیب‘ ثقافت کلچر اور مشترکہ تہذیب کی بقاء وترقی کے لیے اردو زبان کی ترقی اور بقاء ضروری ہے۔کسی بھی زبان کی ترقی کے لیے ضروری ہے کہ اس کا رشتہ معیشت ومعاشی روزگار سے مربوط ہو۔وہی طبقہ ایسا تصور رکھتا ہے جو نا آسودہ اور معاشی بحران کا شکار ہے‘ ورنہ ٹامل‘ ملیالم‘ کنڑ اور تلگو میں تعلیم وتربیت کے فارغ‘ روزگار کا خواب کم ہی دیکھتے ہیں۔تعلیم حاصل کرکے زندگی کے دیگر شعبوں اور تجارت میں اپنے آپ کو سپرد کردیتے ہیں۔زبانیں تہذیبی‘ روحانی اور سماجی شعور عطا کرتی ہیں نہ کہ روزگار۔ معاشی آسودگی کے لیے دیگر شعبہ جات موجود ہیں تجارت اور صنعت وحرفت‘ دستکاری اپنے ہنر اور تعلیم وتربیت سے بنا سکتے ہیں۔زبانوں سے معیشت و معاشی تقاضوں کو مربوط کرنا ٹھیک نہیں ہے۔زبان‘ معاشرتی اختلاط وارتباط کے رشتے استوار کرتی ہے۔ کئی خاندان روزگار کی عدم دستیابی کی وجہ سے اردو سے دور ہوگئے ہیں اور بعض تو اردو پر انگریزی میڈیم کو ترجیح دے رہے ہیں۔ان کا یہ تصور کہ انگریزی سے روزگار ملنے میں آسانی ہوگی یہ خام خیالی ہے۔یہ اور بات ہے کہ انگریزی میں عصری علوم ملتے ہیں‘ لیکن ہم اردو کو بھی ترقی دیں تو وہی علوم اُردو میں بھی منتقل ہوسکتے ہیں۔انگریزی میں علمی وٹکنالوجی اثاثہ موجود ہے اس کے برعکس علاقائی اور مادری زبانوں میں عصری علوم وفنون بہت کم ملیں گے۔اس لیے سب عالمی زبان کو فوقیت دیتے ہیں۔اردو زبان کے فروغ کے لیے یہ ضروری ہوجاتا ہے کہ اس کو نہ صرف مسلمان بلکہ ہندو‘ مسلمان‘ سکھ‘ عیسائی‘ پارسی فرقہ و قوم کی نئی نسل میں عام کریں۔ ان کو ازسرنو اردو سکھائیں اردو کے روایتی سرمایہ وعلم وادب کو عصری تقاضوں سے ہم آہنگ کریں۔اردو کو لسانی ٹکنالوجی سے مربوط کرنا ہوگا۔اسے انٹرنیٹ‘ کمپیوٹر اور عصری ٹکنالوجی کے وسیلوں کی زبان بنانا ہوگا۔اور اس کی ترقی کے لیے انفارمیشن ٹکنالوجی سے استفادہ کرنا ہوگا۔ایسے تناظر وپس منظر میں اردو کی اہمیت دنیا پر واضح ہوگی اور اس کا فروغ ہوگا۔عصری ذرائع کے استفادہ سے اردو زبان کی بقاء ہوگی۔

❖❖❖

29. مادری زبان میں تعلیم وتربیت

دنیا میں رونما ہونے والی تبدیلیوں کو بچہ مادری زبان سے ہی محسوس کرتا ہے۔ مادری زبان کی تعریف یہ ہے کہ وہ زبان جو بچہ میں ماں کے دودھ کے ذریعہ منتقل ہوتی ہے تب ہی تو اس کی روحانی و نفسیاتی اہمیت ہوتی ہے۔ ماں جس زبان میں گفتگو کرے گی بچہ بھی اسی زبان کو آسانی سے اپنائے گا۔ تہذیب اور ماحول کا اثر بچوں پر پڑتا ہے اس لیے مادری زبان میں تعلیم کا اہتمام بے حد ضروری ہے۔ مادری زبان سے ہی اخلاقی وانسانی رشتے استوار ہوتے ہیں۔ اعلیٰ اخلاق اور نیک جذبے مادری زبان سے ہی اجاگر ہوتے اور فروغ پاتے ہیں۔ مادری زبان کوادا واستعال کرنے میں فخر کا احساس ہونے کے ساتھ ساتھ فرد کو روحانی آسودگی بھی حاصل ہوتی ہے، مادری زبان کی دوری سے فرد شکستہ اور اخلاقی طور پر ذہنی بحران سے دوچار ہوگا۔ لیکن کثیر لسانی ماحول میں مادری زبان کا مسئلہ پیدا ہوتا ہے۔ ایک جمہوری و ہمہ تہذیبی و مذہبی سماج میں زبانوں کو مخصوص موقف حاصل ہوگیا ہے چونکہ جغرافیائی وسیاسی اعتبار سے یہ تقسیم ہوگئی ہیں۔ علاقائی، ریاستی، قومی سطح پر مختلف زبانیں مروج ہیں اور ایک زبان کا ماننے والا ان سب کو مختلف مواقع پر ادا کرتا رہے گا۔ سماجی، معاشرتی اور تمدنی سطح پر مختلف زبانوں کا سہارا لینا پڑتا ہے لیکن تعلیم وتربیت کے لیے میری دانست میں مادری زبان ہی موزوں رہے گی۔ کیوں کہ مادری زبان بچوں کو ماحول، تہذیب، خاندانی رکھ رکھاؤ اور بزرگوں کے عادات واطوار، گفتگو، تہذیبی اور تمدنی عمل سے آشنا بنا دیتی ہے اور وہ اس سے اتنے مانوس ہوجاتے ہیں کہ اس کو روانی اور فطری انداز سے ادا کرتے ہیں۔ چنانچہ تہذیبی، ثقافتی فروغ کے لیے مادری زبان کا اہم رول ہوتا ہے مادری زبان سے تعلیم دلوانے پر بچوں میں اخلاقی وانسانی تربیت بھی ہوگی۔

مادری زبان میں تربیت کے اہتمام سے طلبہ و بچوں میں فکری سوتے خشک نہیں ہوتے، تخلیقی اپچ کو چار چاند لگ جاتے ہیں۔ فکر و سمجھ بوجھ، ادراک وشعور کی منزلوں کا حصول ہوتا ہے۔ ذہانت و ذکاوت اور دانشوری کی راہیں مادری زبان سے ہی ہموار ہوتی ہیں۔ ماضی شاہد ہے کہ جتنے دانشور

گزرے ہیں ان کی تعلیم وتربیت، مادری زبان میں ہی ہوئی تھی لیکن بعد میں دیگر زبانوں میں بھی وہ عبور حاصل کیئے۔لہٰذا مادری زبان میں تربیت ہی سے بچوں میں صلاحیت وقابلیت پیدا ہوگی۔اس کے علاوہ بچوں کو جو تہذیب ملے گی اس کی اساس مادری زبان پر ہوگی اور یہی زبان تحقیقی نمونے تخلیق کرنے میں ممد ومعاون ثابت ہوگی۔

موجودہ تعلیمی نظام میں اور تعلیمی اداروں میں مادری زبان کو بہت کم اہمیت دی جارہی ہے۔ دیگر زبانوں کے میڈیم خصوصاً انگریزی کو فروغ وتقویت مل رہی ہے۔ یہ عمل خوش آئند نہیں ہے۔اگلے نتائج ومحرکات پر غور کرنا ہوگا کہ آخر انگریزی میڈیم سے کتنے لوگ اعلیٰ منزلوں کو چھور ہے ہیں اور اعلیٰ مقام پر فائز ہیں۔آئی اے ایس، آئی پی ایس بھی مادری زبان کے پروردہ ہوتے ہیں۔ابتدائی درجوں، منزلوں میں ہی وہ اپنی صلاحیتوں کو پروان چڑھاتے ہیں، تب کہیں اونچے درجوں میں جاکر صلاحیت کا مظاہرہ کرتے ہیں اور ملک وقوم کی خدمت میں لگ جاتے ہیں۔ بچہ جس تہذیب وتمدن کا پروردہ ہے اس کی تعلیم کا انصرام اسی کی مادری زبان میں کریں۔لیکن عصری ہندوستان میں زیادہ تر بچے غیر مادری میڈیم کو ترجیح دے کر نازاں ہیں اور رشک وفخر محسوس کرتے ہیں کہ انھوں نے اعلیٰ مقام حاصل کرلیا۔ یہ خام خیالی ہے کہ انگریزی سے بہرہ مند ہونے پر اعلیٰ وافضل مقام سماج میں ملے گا، لیکن خارجی اور داخلی ماحول پر غور کرنا ہوگا۔انگریزی میڈیم طلبہ کے لیے زبان گراں گزرے گی اور ایسے بچے درس وتدریس اور درسیات کو زبانی یاد کرتے ہیں۔زبانی یاد کرنے سے اور مواد جوں کا توں رٹ کر لکھنے سے صلاحیتیں پروان نہیں چڑھیں گی بلکہ اس کے لیے فطری سوچ ولیاقتیں ضروری ہیں اور یہ صلاحتیں، قابلیتیں مادری زبان میں تعلیم وتربیت سے ہی حاصل ہوں گی۔ میری دانست میں مادری زبان سے تعلیم وتربیت دلوانے پر ہی تعلیم کا منشا وغرض وغایت پوری ہوگی۔ بچے اخلاقیات، عمرانیات، دینیات اور انسانی خوبیاں مادری زبان سے ہی حاصل کرسکتے ہیں اور خدا کو بہتر طور پر سمجھ سکتے ہیں۔اس کی ذات وصفات کی اچھی طرح سے تفسیر وتشریح بھی سمجھ میں آجائے گی۔عصری دور میں مادری زبان سے تعلیم وتربیت بچوں کے حق میں مفید وکارگر ثابت ہوگی۔ چونکہ ماہرین تعلیم ونفسیات کے مطابق انسان خواب میں صرف اپنی مادری زبان میں ہی بولتا اور سنتا ہے، چونکہ یہ اس کے تحت الشعور میں ہی نہیں بلکہ اس کی روح کی گہرائیوں میں چھپی ہوئی ہے اور خواب وخیال میں ذہن کے پردے پر ابھر کر آتی ہے۔

❖❖❖❖

30. اردو زبان کے حل طلب عصری مسائل

زبان ایک نامیاتی شئے ہے جس میں خود سے آگے بڑھنے کی صلاحیت موجود ہوتی ہے اور عوامی تعاون سے نشوونما پاتی ہے۔ برسہابرس کے لسانی عمل سے زبانیں ترقی یافتہ بنتی ہیں۔ دور حاضر میں اردو کے بنیادی تقاضوں پر غور کرنا ناگزیر ہے۔ اسکولوں اور مدرسوں میں اردو کا موقف کمزور ہوتا جارہا ہے جب کہ ان ہی اداروں میں اردو کی اساسیت تشکیل پاتی ہے۔ خاص کر سرکاری اسکولوں میں حالت سنگین ہوگئی ہے۔ دیہی علاقوں میں بڑی مشکل سے اردو پڑھنے والے مل جاتے ہیں۔ بڑی تگ ودو کے بعد غریب طبقے سے اُردو پڑھنے کے لیے بچے مل تو جاتے ہیں لیکن ان کے ماں باپ کی معاشی تنگدستی افلاس وغربت ان بچوں کو تعلیمی سلسلہ آگے جاری رکھنے کی اجازت نہیں دیتی۔ یہ ایسے ماں باپ ہوتے ہیں جو یومیہ اجرت کماتے ہیں اور جز معاشی کا شکار ہوتے ہیں۔ دیہاتوں میں معاشی حالت انہیں اجازت نہیں دیتی کہ ان کے بچے تعلیم حاصل کریں۔ اس کے علاوہ بعض لوگ دانستہ طور پر اردو سے روگردانی کر کے دیگر زبانوں کے ذریعہ تعلیم وتربیت کا انتظام وانصرام کرنا چاہتے ہیں لیکن یہ بیل بھی منڈے کم ہی چڑھتی ہے۔ حالات سنگین سے سنگین تر ہیں آئندہ برسوں میں دیہاتوں میں اردو تہذیب و ماحول ناپید ہوں گے۔

شہر میں سیاسی دباؤ کی وجہ سے اردو اسکول زندہ ہیں لیکن وہاں معیار کی کمی ہے۔ بروقت کتب نہیں ملتے اور اردو اساتذہ کے عدم تقرر کی وجہ سے سے اردو درس وتدریس متاثر ہے۔ شہروں میں جو Feeding مل رہی ہے اس کے مثبت نتائج پر غور کرنا ہوگا۔ اردو کی نئی نسل تحتانیہ' وسطانیہ' فوقانیہ کے درجوں سے گزر کر 10+2 کی تکمیل بڑی آب وتاب سے کرتے ہیں اور انٹر میڈیٹ کامیاب ہونے پر خوشی ومسرت ہوتی ہے اور اس کے بعد بعض طلبہ پیشہ وارانہ کورسس کی طرف رخ کرتے ہیں۔ داخلہ امتحانات اور مسابقتی امتحانات میں شریک ہوسکتے ہیں لیکن وہاں منتخب ہونا مقدرات وقسمت کی بات نہیں

بلکہ محنت وصلاحیتوں کو بڑا دخل ہوتا ہے۔انٹر میڈیٹ کے بعد کی تعلیم اردو داں طالب علم کے لیے ایک چیلنج سے کم نہیں۔اگر اساتذہ ہیں تو اردو میں نصابی کتب عدم موجود ہیں اور نصابی کتب فراہم ہیں تو اردو میں درس وتدریس کرنے والا نہیں ملے گا ایسے مسئلے آئے دن اردو میڈیم طلبہ میں پائے جاتے ہیں جن کا سد باب کرنا ضروری ہے۔سرکاری اشاعتی اداروں کو چاہیے کہ اردو میڈیم نصابی کتب بروقت فراہم کرے۔جب نصابی کتب بروقت عدم دستیاب ہیں اور اردو پوسٹ پر تلگو داں قابض ہیں تو ایسے میں اردو طلبہ کا کیا حشر ہوگا ان کی قومی معاشی اور اخلاقی ترقی میں رخنہ پڑ جائے گا۔لہٰذا ایک فلاحی حکومت کا فریضہ ہے کہ وہ لسانی اقلیت کی تعلیم وتربیت کو خاطر خواہ فراہم کرے اور اردو تہذیب وثقافت کو پروان چڑھانے کے لیے اردو پڑھنے والوں کے لیے مالی منصوبہ سازی کریں تاکہ دیگر میڈیم کے طلبہ کے ساتھ ان کی ترقی شانہ بہ شانہ ہو سکے۔عصری دور میں انٹر میڈیٹ تک اردو والوں کے لیے تعلیم کا بندوبست ہے لیکن ڈگری و پی جی سطح پر ان کی اعلیٰ تعلیم کے لیے کیا منصوبے ہیں؟ چند اضلاع میں اردو میڈیم ڈگری کی متوازی جماعتیں چلانے سے اردو کا مسئلہ حل نہیں ہوگا' چونکہ وہاں تدریسی اسٹاف کا تقرر نہیں کیا گیا ہے۔اردو کتب اور اردو لائبریری کی سہولتیں مہیا نہیں کی گئی ہیں۔اردو میں دستیاب چند ایک نصابی کتابیں خریدنے سے متعلقہ عہدیدار پہلو تہی کرتے ہیں اور اردو میڈیم کے طلبہ احساس کمتری کا شکار ہو کر اپنے حق کے لیے آواز اٹھانے کی ہمت بھی نہیں رکھتے۔ریاست میں صرف مضمون معاشیات کے ایک دو پی جی سنٹر کھولنے سے کیا اردو وسعت اختیار کرے گی؟ نہیں' بلکہ جامعیت کے ساتھ اردو کو تعلیمی اداروں میں لاگو کرنا ہوگا اور ایک دور رس تعلیمی پیکیج تیار کرنا ہوگا۔یہ بات اردو والوں کے لیے ایک المیہ سے کم نہیں کہ اکثر اردو طلبہ ڈگری یا پی جی سطح پر اردو میڈیم کی عدم موجودگی سے اپنے تعلیمی تسلسل کو موقوف کر دیتے ہیں۔ایسا عمل آزادی کے بعد سے آج تک چلا آرہا ہے۔مابعد آزادی اگر اردو کی بات کی جاتی ہے تو الیکشن کے موقع پر اور اقلیتی ووٹ کے حصول کی خاطر یا سیاسی مصلحت کے تحت اردو کے تعلق سے دل خوش کن وعدے کئے جاتے ہیں۔میری دانست میں اردو کو نقصان' رسہ کشی اور تعصب سے پہنچ رہا ہے۔لکھنے والے آج بھی موجود ہیں لیکن ان کی ہمت افزائی کے لیے منصوبے نہیں۔کل ہند یا ریاستی وقومی نوعیت کے مسابقتی امتحانات اردو میڈیم میں رائج نہیں اور نہ اردو طلبہ کو اردو میں لکھنے کی اجازت ہے۔برسوں سے ریاستی سطح پر پہل جاری ہے کہ ریاستی وقومی سطح پر منعقد ہونے والے مسابقتی امتحانات اردو

میں منعقد کریں لیکن دانستہ خاموشی اپنائی جاتی ہے۔عصری دور میں اردو اور اقلیتی مسائل کا امتحان کسی خاص موقع پر یا کسی خاص ہنگامی سیاسی حالات کے تحت ہوتا ہے۔اردو کے تعلق سے خوش آئند بات یہ ہے کہ اسے اپنانے کی کوشش کا اعلان ہوتا ہے لیکن اس پر عمل نہیں ہوتا۔ریاست میں 13 اضلاع میں اردو کو دوسری سرکاری زبان بنادیا گیا لیکن سرکاری وسماجی سطح پر کوئی عملی مظاہرہ نہیں۔اس سلسلہ میں جی او جاری کب ہوا یہ بھی نہیں معلوم تو پھر اس کے تعلق سے کاغذی اعلانات اور دل فریب انداز کہاں تک اردو کی بقا کے ضامن ہوں گے؟ اردو کی بدنصیبی ومحرومیاں کب ختم ہوں گی صحافت اور ادب کے ذریعہ اردو کب تک زندہ رہے گی۔سماجی سطح پر وہ مکمل طور پر مروج نہیں۔قومی معاشرتی ماحول سے اس کی اٹوٹ وابستگی ضروری ہے اور نئی نسل میں اردو کے چلن سے ہی اردو زندہ رہے گی۔اس کے عوامی حل طلب مسائل پر غور کرنے اور عملی اقدامات سے اردو زبان کی نشو ونما ہوگی۔

صرف بول چال سے کوئی زبان ترقی نہیں کرتی اور نہ ہی ماضی کے عظیم علمی سرمایہ سے کوئی زبان ترقی کرسکتی ہے۔اگر ایسا ہوتا تو علمی وادبی سرمایہ سے مالا مال سنسکرت زبان ایک ترقی یافتہ زبان ہوتی۔کوئی بھی زبان اس کے مسلسل استعمال، علمی سرمایہ اور جدید تقاضوں کی تکمیل سے ہی چلا پاتی ہے۔ابھی وقت ہے کہ ہم اردو کو بچالیں۔ورنہ اس صدی کے ختم ہونے سے پہلے پہلے اردو سنسکرت و لاطینی زبانوں کی طرح تاریخ کے اوراق میں کہیں گم ہوکر رہ جائے گی! ضرورت اس بات کی ہے کہ اردو کو ہم اپنے ''پیدائشی حق'' کے طور پر ہر سطح پر استعمال کریں۔

❖❖❖

31. اردو میڈیم سرکاری مدارس کا معیار اور بچوں کا ترک تعلیم

سرکاری مدارس میں اردو میڈیم برسوں سے رائج ہے۔ آزادی کے بعد بھی ہندوستان کی کئی ریاستوں میں سرکاری مدارس میں ہائی اسکول تک تعلیم و تربیت کا اہتمام ہوتا آرہا ہے۔ SSC کسی بھی طالب علم کی زندگی کا اہم موڑ اور مرحلہ ہوتا ہے۔ طالب علم میں بچپن سے پچھلی جماعتوں میں دھیان اور لگن سے تربیت حاصل کرتے ہوئے SSC تک آتے آتے روانی سے بولنے اور لکھنے کی صلاحیت پیدا ہو جانی چاہیے۔ اسے خود سے تخلیقی طور پر اپنے احساسات و جوابات تحریر کرنا اور فطری صلاحیت و قابلیت کے لیے غور وفکر اور اپنے طور پر نالج کو ہضم کرنا چاہیے۔ لیکن بد قسمتی سے اول سے SSC تک اردو میڈیم کا خاصہ یہ ہو گیا ہے کہ طلبہ کو سوالات جوابات زبانی یاد کروائے جاتے ہیں۔ ہمارے تعلیمی نظام کا ناقص پہلو سمجھئے کہ طلبہ امتحانات لکھنے کے لیے جوابات رٹ کر آتے ہیں۔ جوابات رٹ کر لکھنے سے قابلیت میں بہت کم اضافہ ہوگا اور ایسا عمل نقل اتارنے کے مترادف ہوگا۔ ذہن میں مرتسم اور موجزن مواد کو جوابی بیاض میں لکھ دیا جائے تو حقیقی قابلیت پیدا ہوگی۔ طلبہ خود سے اسباق پڑھ کر اور سمجھ کر فطری طور پر جوابات لکھ سکتے ہیں۔ نوٹس لکھوانا اور از بر کروانا اردو نظام تعلیم کا معمول بنتا جا رہا ہے۔ اب تو جونیئر اور ڈگری کالجوں میں بھی خاص کر اردو میڈیم طلبہ کو نوٹس لکھوائے جاتے ہیں، اس طریقہ تربیت و تعلیم سے طلبہ کی فطری صلاحیتیں ابھر نہیں پاتیں۔ طلبہ کو خود سے اپج پیدا کر کے تخلیقی سوتوں کو جاری رکھنا چاہیے۔ تصویر کا دوسرا رخ اگر دیکھیں تو اردو میڈیم کی تدریس کے لیے اردو ہینڈ نہیں ملتے۔ تلگو میڈیم اساتذہ اردو درس و تدریس کا فرض انجام دے رہے ہیں۔ ایسے عمل سے طلبہ کی صلاحیت داؤ پر لگ جاتی ہے اور ان کا معیار سوالیہ نشان بن جائے گا۔ اردو میڈیم طلبہ کو نصابی کتب بڑی تاخیر سے ملتے ہیں۔ لگ بھگ تین ماہ گزرنے کے بعد نصابی کتب کی دستیابی کیا معنی رکھتی ہے۔ اردو میڈیم طلبہ میں معیار اور تخلیقی اپج کے لیے استاد اور شاگرد کو محنت مشقت کرنا پڑتا ہے اور طلبہ میں ذوق وشوق ضروری ہے۔ ذوق تعلیم میں تڑپ پیدا کرنا ہوگا۔ اردو یا کوئی بھی تعلیم

یونہی چلتے پھرتے حاصل نہیں ہوتی اس کے لیے بھی لوہے کے چنے چبانے پڑتے ہیں۔لوگوں کا یہ تصور کہ اردو تعلیم مفت میں اور آسانی سے حاصل ہو جائے گی ایک غلط تصور ہے۔ ہر زبان میں تعلیم محنت و مشقت کا تقاضہ کرتی ہے۔ اس کے علاوہ اردو میڈیم طلبہ کے لیے فرنیچر اور Black Board کا معقول انتظام نہیں۔ استاد مجبوراً بغیر تختہ سیاہ کے اپنا فرض پورا کرتا چلا جاتا ہے۔ اردو میڈیم اساتذہ بھی اپنا احتساب کریں کہ وہ کہاں تک اپنے پیشہ میں دیانت دار ہیں۔بعض اساتذہ تو سفر کے ذریعہ اپنی خدمت انجام دیتے ہیں۔آنا جانا وقت کو ضائع کرنا ہے۔محنت کرنے کے بعد ہی معیار پیدا ہوتا ہے۔بغیر محنت ریاضت کے اردو کا معیار کیسے بلند ہوگا؟ اب روایتی مسائل کا بہانہ نہیں چلے گا۔اردو طبقہ میں معیار وقت کی اہم ترین ضرورت ہے۔معیار ہی سے عام مسابقت میں اردو طلبہ مقام بنا پائیں گے اور ملک وقوم کے رہبر دانشور کہلائیں گے۔ ویسے اردو والے بنیادی سطح پر محنت سے معیار بنائیں تو اس کے ثمرات بھی عیاں ہوں گے۔ دیہاتوں میں اردو میڈیم کی تعلیم ٹھپ ہو کر رہ گئی ہے۔ وہاں طلبہ کا ملنا بھی مشکل ہو گیا ہے۔اردوداں طبقہ روزگار کی تلاش میں شہروں کا رخ کر رہا ہے اور اردو طبقہ شہروں میں جمع ہو رہا ہے۔شہروں میں اردو مدارس کا موقف بہتر ہے لیکن معیار بندی وہاں ناگزیر ہے۔آج کے اس چیلنجنگ اور مسابقتی دور میں اردو طالب علم نہ صرف اردو میں بلکہ انگریزی اور تلگو میں مہارت حاصل کرے تو پھر دنیا کے کسی بھی گوشے میں ہماری ضرورت شدت سے محسوس کی جائے گی۔ روزگار کے تحت اردو کا ریلا انگریزی کی طرف بہہ رہا ہے اور غیر یقینی روزگار کے موقف کے تصور کے تحت لوگ مادری زبان سے دور ہوتے جارہے ہیں۔عصری دور میں جینا اور سانس لینا ہے تو انگریزی و اردو پر عبور حاصل کریں اور اس زبان کے ذریعہ سے اپنا ایک معیار بنائیں تو نالج سوسائٹی میں سانس لے سکیں گے اور معیار سے ہی قوم و ملک سوپر پاور بنیں گے۔علمی و تعلیمی معیار سے ہی قوم دنیا کی اقوام میں معزز و مہذب تصور کی جائے گی۔اس موضوع کا دوسرا پہلو یہ کہ مسلم بچوں کا ترک تعلیم اور انہیں Drop out سے روکنا اور اس کا انسداد ضروری ہے۔ترک تعلیم کی کئی وجوہات ہیں‘ ان میں سے ایک سبب یہ ہے کہ اکثر مسلم طلبہ کے والدین غریب اور معاشی بحران کا شکار رہتے ہیں۔ان کی آمدنی کے وسیلے کوئی مستحکم نہیں۔ جز وقتی اور جز معاش کی وجہ سے وہ بچوں کے تعلیمی تسلسل کو قائم نہیں رکھ سکتے۔ وہ اپنے بچوں کو خاندان کی معاشی کفالت کے لیے ہوٹلوں اور دھابوں کی نذر کر دیتے ہیں۔مسلم بچوں کے ترک تعلیم کا ایک اہم سبب معاشی مجبوری ہوگئی ہے۔آج

بھی کئی بچے ہیں جو ترک تعلیم پر مجبور ہیں۔حکومت کی اسکیمات سے خاطر خواہ فیض نہیں پہنچ رہا ہے۔ ان سب کے باوجود کیوں اردو طلبہ تعلیم ترک کرنے پر مجبور ہیں۔دراصل اردو کو روٹی اور روزگار سے مربوط کرنا ہوگا۔جب اس زبان کی معاشی ضمانت ہوگی تو اردو مسائل حل ہوں گے۔مسلم خاندانوں میں معاشی سکون و آسودگی نہ ہونے کی وجہ سے مسلم بچے ترک تعلیم پر مجبور ہیں۔معاشی حالت اور معیشت مستحکم ہوتو ترک تعلیم کا تصور ماند پڑ جائے گا۔اور طلبہ اس کی طرف راغب ہوں گے۔

اردو کیا صرف غریب آدمی کا ذریعہ تعلیم ہو اور دولت مند افراد اعلیٰ معیاری انگریزی میڈیم کا رخ کریں، ہمارے سماج کا یہی وہ تضاد ہے جس کے نتیجہ میں اردو ذریعہ تعلیم کو نقصان پہنچا ہے۔سماج کا اعلیٰ و اونچا طبقہ خود آگے بڑھ کر اگر اردو ذریعہ تعلیم کو اپنائے تو غریب عوام بھی اردو ذریعہ تعلیم کو اپنائیں گے۔چونکہ دولت مند طبقہ اردو سے اجتناب کر رہا ہے تو بھلا کس طرح ہم صرف غریب کو اردو ذریعہ کے لیے تاکید کر سکتے ہیں۔مجموعی طور پر اردو والے اگر اردو ذریعہ تعلیم کو اپنائیں تو خود بخود اردو روزگار سے مربوط ہوتی جائے گی اور روزگار کے نئے نئے وسائل خود بخود سامنے آنے لگیں گے۔

❖❖❖

32. اردو تعلیم سے دلچسپی نہیں

اردو زبان ملک وقوم کی تہذیبی اور ثقافتی زبان مانی جاتی ہےاور دستور کے 18 قومی زبانوں میں اس کا شمار ہوتا ہے۔ یہ گنگا جمنی تہذیب اور مشترکہ کلچر کی زبان ہے۔ امن اور فرقہ وارانہ ہم آہنگی کی زبان ہے'اس میں شیرینی ومٹھاس بہت ہے یہ محبت کی زبان ہے۔ اردو کے بول دلکش ہوتے ہیں اس میں بات کریں تو پھول گرتے ہیں۔ ایسی پیاری ومیٹھی زبان کا یہ حال ہے کہ اس کو کوئی گلے لگانے اور اپنانے کے لیے تیار نہیں' جب کہ 2050ء تک یہ دنیا کی تیسری زبان ہوگی۔ معاشی مستقبل اور روزگار سے عدم مربوطی کی وجہ سے لوگ اس سے دور ہوتے جارہے ہیں۔ معاشی آسودگی کا بہانہ بنا کر اور معیشت میں اس کے دخل کو موضوع بنا کر لوگ اس کو اپنانے سے دانستہ علحدہ ہورہے ہیں یاد رکھئے' یہ زبان فرد کے معاشی تقاضوں کے ساتھ اس کی شخصیت اور سیرت وکردار کو بناتی ہے' شخصیت کی تعمیر میں حصہ ادا کرتی ہے' ملکی و قومی تقاضوں کو پورا کرتی ہے اور قوم میں یگانگت پیدا کرتی ہے۔ کثرت میں وحدت کی زبان ہے قومی دھارے قومی تانے بانے اس سے بنتے ہیں۔ بانو طاہرہ سعید نے کہا تھا کہ ''میری اردو زبان فخر ہندوستان ہے'' یقیناً فخر کرنے کے قابل ہے اس میں ہندوستان کا سب کچھ ہے۔ اقبال نے امام ہند کے نام نظم لکھی جس میں رام چندر کو موضوع بنایا' حکومت کی رامائن کا ایک سین موجود ہے' پوری ہندوستانیت اردو میں ہے۔ ادبی' سماجی اور سائنسی تصورات بھی اس میں مل جاتے ہیں۔ اردو اپنے دامن میں اپنے عصر کو لینے کی جدوجہد میں مشغول ہے۔ کمپیوٹر سے ہمکنار ہورہی ہے' اردو میں کمپوزنگ شروع ہوگئی ہے' کمپیوٹر سے مربوط زبان بنتی جارہی ہے اور اردو تعلیم اسکول' جونیر کالج اور ڈگری سطح پر رائج ہے۔ وہاں اس کی باقاعدہ کلاسس چلتی ہیں۔ لیکن اردو کی نصابی کتابیں نہیں ہیں۔ ابھی ترجمہ کرنا باقی ہے۔ ترجمہ کے عمل سے ہی مختلف مضامین کو اردو میں ڈھال سکتے ہیں۔ اردو والوں کا رویہ اردو زبان کے ساتھ بہت سنگین اور وحشت ناک حد تک بڑھتا جارہا ہے۔ اگر اردو والے انگریزی کی طرف راغب ہوجائیں تو اردو کے روحانی تقاضے اور قومی ارتباط مجروح ہوں گے۔ آج ہر کس وناکس اردو کا شیدائی نظر آتا ہے لیکن نیت میں فرق ہے۔

چنانچہ لوگ اردو کو بول چال کی زبان بنا دیئے ہیں‘ خود اردو والے اپنی نئی نسل کو اردو سے دور کررہے ہیں جس کے سبب یہ نسل اردو سے نابلد ہوگئی ہے۔ جس کا اثر ان کی شخصی سماجی اور روحانی زندگی پر مرتب ہوگا اور اقدار سے مبرا ہوں گے۔ اور اگر کچھ لوگ اردو میڈیم سے پڑھا رہے ہیں تو ان کا منشا یہ ہوتا ہے کہ اردو کی تعلیم مفت حاصل کی جائے اور وہ اردو کتابیں مفت حاصل کرنے کی فکر میں لگے رہتے ہیں۔ بہر حال دیگر زبانوں کے میڈیم میں تعلیم کے حصول کے لیے پیسہ خرچ کریں گے لیکن اردو تعلیم حاصل کرنے کے لیے پیسہ خرچ کرنا گراں معلوم ہوتا ہے۔ اردو والے آج بھی علم و ادب کی کتابیں بہت کم خریدتے ہیں۔ اردو کی تعلیم پر اس طرح توجہ کیوں نہیں کرتے جس طرح دیگر زبانوں کی تعلیم میں کرتے ہیں۔ اردو کے تعلق سے یہ نظر یہ ہے کہ بچے خود سے پڑھ لیں گے اور یہی ہوتا ہے اردو طلبہ کے ماں باپ ایک مرتبہ اسکول میں داخلہ دلادیتے ہیں اور ذمہ داریوں سے سبکدوش ہوجاتے ہیں۔ انہیں نہیں معلوم کہ ان کے بچے اسکول کی تعلیم حاصل کررہے ہیں یا ان کا تعلیمی موقف کیا ہے۔ صلاحیت‘ لیاقت کا فروغ کیسے ہورہا ہے ان تمام چیزوں سے بے بہرہ ہوجاتے ہیں۔ اردو ماحول میں اردو طلبہ کے سرپرست شاذ و نادر ہی بچوں کی تعلیمی کیفیت دریافت کرنے آتے ہیں۔ اگر اردو طلبہ پر ویسی محنت کریں جس طرح دیگر زبانوں کے ذمہ دار کرتے ہیں تو یہ طلبہ ملک و ملت کے لیے اثاثہ ثابت ہوں گے اور جب ان میں تعلیمی معیار پیدا ہوگا تو یہ ادب و زبان کے لیے بے پایاں خدمات انجام دیں گے اور یہ نسل اردو کو 22 ویں صدی اور اس کے آگے لے جائے گی۔ دراصل اردو کی نئی نسل میں معیاری انداز تعلیم کا نظم ہو۔ وہی زبانیں ارتقاء و فروغ پاتی ہیں جو اپنے معیار کو ساتھ لے کر چلتی ہیں یعنی زبان کے معیار کے ساتھ ساتھ نئی نسل میں اس کو عام کرنا ہوگا۔ تعلیمی شعبہ میں اردو اپنا حاشیہ تنگ کرتی جارہی ہے لوگ کہتے ہیں اردو پڑھنے سے نوکری نہیں ملتی‘ میں ان سے پوچھنا چاہتا ہوں کہ کیا ٹامل‘ تلگو اور دیگر زبانوں میں تعلیم حاصل کرنے والوں کو نوکریاں مل گئی ہیں۔ زبان‘ تہذیبی شناخت اور شخصی و اخلاقی تربیت کے لیے ہوتی ہے‘ البتہ معاشی تقاضوں سے ہم آہنگ ہونا الگ بات ہے‘ ویسے اردو میڈیم سے تعلیم حاصل کرنے والوں کو ہی سب سے پہلے ملازمت و روزگار ملا ہے۔ پہلے آپ اردو میں تعلیم جاری و ساری کرلیں تب اس کے معاشی فوائد بھی حاصل ہوں گے۔ اردو والوں کا فریضہ بنتا ہے کہ وہ نئی نسل کو اردو زبان سے آراستہ و پیراستہ کریں‘ تاکہ اس نسل کے ذریعہ سے اردو قائم رہ سکے۔

❖❖❖❖

33. اردو میڈیم طلبہ کا تعلیمی معیار

اردو میڈیم کی تعلیم کا نظم ملک کی مختلف ریاستوں میں تحتانیہ سے ڈگری سطح تک رائج ہے اور باقاعدہ طور پر درس وتدریس کا اہتمام کیا جاتا ہے۔ تحتانیہ' وسطانیہ اور فوقانیہ درجوں میں نصابی کتب دستیاب ہیں اور اساتذہ اپنا فریضہ بحسن وخوبی انجام دیتے ہیں لیکن ہائی اسکول کی سطح پر اردو کی نصابی کتابیں خاص کر سائنسی کتب جو ترجمہ کر کے نصاب میں شامل کی جاتی ہیں ان میں انگریزی کی سائنسی اصطلاحات کی تشریح حاشیہ میں دیں تو طلبہ کو سمجھنے میں سہولت ہوگی۔ اسکولی سطح پر سائنس کے اساتذہ کی کمی محسوس کی جاتی ہے' اُسی طرح جونیر کالج کی سطح پر بھی سائنس لکچرار کی عدم دستیابی سے تعلیمی معیار اور نتائج پر منفی اثر پڑسکتا ہے۔ اردو میں ہمیشہ سے سائنسی علم وادب کی کمی محسوس کی جاتی رہی ہے۔ اور دیگر ابنائے وطن کو بھی سائنسی نصابی کتابوں کی دستیابی کی شکایت رہی ہے آج بھی یہی شکایت ہے کہ سائنسی درسی کتابیں نہیں ملتی۔ اس کا اثر طلبہ کے کیریر پر پڑتا ہے۔

عصر حاضر میں بھی طلبہ کے لیے نصابی کتابوں کی عدم دستیابی ایک دیرینہ مسئلہ بن گئی ہے اور طلبہ مجبوراً معیار سے کم یعنی گائیڈز اور کم تر تعلیمی مواد حاصل کر کے اُسی پر اکتفا کرتے ہیں۔ پتہ نہیں اردو کی بدنصیبیاں ومحرومیاں کب دور ہوں گی۔ ڈگری سطح پر حالت اور بھی نازک ہے سائنسی نصابی کتب طبع نہیں ہوتے اور نہ ان کو باقاعدہ طبع کرواکر فروخت کرنے کا انتظام ہے۔ ڈگری اردو میڈیم کے طلبہ انگریزی مواد کا سہارا لے کر امتحان میں شرکت کرتے ہیں اور ڈگری کے اساتذہ بھی انگریزی کی نصابی کتابوں کی مدد سے کلاس رومس میں صرف نوٹس لکھانے کا کام کرتے ہیں۔ ایسے میں وقت نوٹس کی تیاری کی نذر ہوجاتا ہے اور درس وتدریس کے لیے جو وقت مقرر رہتا ہے وہ ترجمہ میں صرف ہوگا اور نصاب کی تشریح وتفہیم کے لیے وقت کم ملے گا۔ ان کے علاوہ سماجی علوم کی نصابی کتابوں کا بھی یہی حال ہے معاشیات' تاریخ' نظم ونسق عامہ' سماجیات وغیرہ کی کتابیں (ڈگری سطح پر) عدم دستیاب ہیں۔ ان مضامین کے اساتذہ انگریزی کتابوں کی مدد سے ترجمہ کر کے صرف نوٹس کی شکل میں اپنا تدریسی فرض

انجام دیتے ہیں۔ بہر حال اردو میں نصابی کتابوں کی عدم دستیابی بھی تعلیمی معیار کے گراوٹ کا باعث ہے۔ نصابی کتب کا اردو میں ملنا بہت مشکل ہے۔ اس سلسلہ میں نصاب پبلیشرز حیدرآباد نے گرانقدر کارنامہ انجام دیا ہے اور سماجی علوم میں معیاری نصابی کتابیں طلبہ کو فراہم کرنے کا سلسلہ شروع کیا ہے۔ یہ کتابیں اردو والوں کے لیے ایک نعمت ہیں۔ چنانچہ طلبہ واساتذہ کو چاہیے کہ ان کتب سے زیادہ سے زیادہ استفادہ کریں۔

ڈگری سطح پر اردو میڈیم طلبہ کا معیار اور تعلیمی موقف کا جائزہ لیں تو ہمیں ندامت ہوگی۔ طلبہ داخلہ لے لیتے ہیں اور اپنی معاشی مجبوری بتلا کر کلاسس میں شرکت سے قاصر رہتے ہیں اگر ایک گروپ میں 84 طلبہ داخلہ لیتے ہیں تو جماعت میں شرکت کرنے والے صرف 25 یا 30 فیصد ہوتے ہیں۔ عین امتحان کے قریب اور بعض تو امتحان ہال میں رونما ہوتے ہیں۔ اس طرح کے عمل سے کیا ان میں صلاحیت پیدا ہوگی کیا یہ قوم وملک کے لیے کارآمد ثابت ہوسکتے ہیں۔ امتحان میں کامیاب ہونا معیار کی دلیل نہیں بلکہ اصل تو یہ ہے کہ درس وتدریس سے ان میں مکمل تربیت ہو اور وہ قابل بن جائیں۔ تعلیم کا منشا بھی یہی ہے کہ مسابقت کی دنیا میں اپنا مقام بنائیں۔ تجربہ ومشاہدہ سے یہ بات ثابت ہے کہ 1980ء سے اردو سے فارغ امیدواروں کی کھپت صرف محکمہ تعلیمات میں ہورہی ہے۔ ٹیچر ولکچرار بن رہے ہیں لیکن دیگر شعبوں میں ان کی نمائندگی 1 فیصد سے آگے نہیں بڑھی۔ ہر کوئی ٹیچر ایس جی بی ٹی' ایس اے کے خواب دیکھے تو آئی پی ایس' آئی اے ایس کے خانے خالی ہی رہ جائیں گے۔ اردو امیدوار بھی کل ہند خدمات میں محنت سے اپنا مقام بنائیں۔ اردو میڈیم طلبہ خاص کر کالج کے طلبہ' نصابی کتب اگر دستیاب ہیں تو اُسے خریدتے نہیں۔ جو قومیں کتب کی خریدی سے بے نیاز ہوجاتی ہیں وہ بتدریج صفحہ ہستی سے مٹ جاتی ہیں ٹکسٹ بک خریدنا ان کی دسترس میں ہوتا ہے لیکن دانستہ نہیں خریدتے ایسے عمل سے نتائج اور مستقبل پر کیا اثرات مرتب ہوسکتے ہیں سب پر عیاں ہے۔ جس طرح انگلش میڈیم کے لیے سب کچھ نچھاور کرتے ہیں اُسی طرح اردو میڈیم کے لیے بھی کم از کم نصابی کتب خرید کر پڑھیں۔ اردو میں نصابی کتب 84 بچوں میں ایک دو کے پاس وہ بھی گائیڈز کی شکل میں ملیں گی' اگر یہی حال رہا تو معیار کیسے بنے گا ملک کے دیگر شعبوں میں کھپت کیسے ہوگی۔

❖❖❖

34. ٹیلی ویژن سے مطالعہ کی عادت وشوق پر منفی اثرات

ٹیلی ویژن الکٹرانک ذرائع ابلاغ میں اہم وموثر وسیلہ تصور کیا جاتا ہے۔اسے J.L.Baird نے ایجاد کیا تھا۔ ہندوستان میں پہلے اس کے استعمال کا مقصد یہ تھا کہ کسانوں کو عصری زرعی ٹکنالوجی کا ادراک وشعور عطا کیا جائے‘ خبروں کے ارسال کے ساتھ معاشی ومعاشرتی زندگی کے خدوخال پیش کئے جائیں چنانچہ ٹی وی انسانی زندگی کے وہ تمام شعبہ ہائے حیات کو اپنی نشریات کا موضوع بنارہا ہے جس سے انسانی وقومی زندگی تقویت پائے۔عصری دور نے نہ صرف کسانوں میں شعور پیدا کیا ہے بلکہ پوری دنیا کو ایک مقام پر سمٹ کر رکھ دیا ہے۔ہم اطراف واکناف کی دنیا کے ساتھ دور بسی دنیا کو بھی دیکھ سکتے ہیں ان کے تعلق سے جامع معلومات حاصل کر سکتے ہیں۔ٹیلی ویژن کی موجودگی سے فائدے کم ہیں اور نقصانات زیادہ ہیں۔یعنی رحمت کا فیصد کم حاصل ہوگا۔زحمتوں کا نزول زیادہ ہورہا ہے۔نئی نسل سینما بینی اور ٹی وی سے غلط راستہ اختیار کر رہی ہے۔اخلاق باختگی کے سامان سینما اور ٹی وی سے میسر آرہے ہیں ذکور واناث میں جو حد فاصل تھی اوران میں جو حجاب وشرم تھی ختم ہوتی جارہی ہے۔ٹی وی سے عورت ومرد کے تعلقات میں منفی اثر مرتب ہورہا ہے۔لیکن اصل وحقیقی زندگی میں مرد ظالم اور عورت مظلوم تصور کی جاتی ہے یہ تصور حقیقت سے بعید معلوم ہوتا ہے اگر دونوں کے تعلقات میں توازن ہو اور کرداروں کو مثالی بنا کر پیش کیا جائے تو مثبت اثر پڑے گا۔راقم الحروف ٹیلی ویژن کا مخالف نہیں لیکن اس کا استعمال محدود اور بامقصد ہو اور صرف خبروں وکھیل کود معلوماتی فیچرز کی حد تک محدود رکھیں تو مثبت اثر ڈالے گا۔انسان کی یہ عادت ہے کہ وہ کسی شئے کی موجودگی سے آج کے مادہ پرست دور میں بھرپور فائدہ اٹھانا چاہتا ہے۔ حرص وہوس کی دنیا میں ہر نفس تعیش پسند زندگی کا خواہاں ہے‘ اس کے برعکس انسان کو چاہیے کہ وہ عقبیٰ و آخرت کی زندگی کے متعلق سوچے اور خوف خدا کے احساس کے ساتھ زندگی گذارے۔ یہ بات تو سب پر عیاں ہو چکی ہے کہ ٹی وی کے بے پناہ لامحدود استعمال سے نئی نسل کے اخلاق وکردار متاثر ہورہے ہیں اور انسانی رشتوں میں دراڑیں آرہی ہیں۔رشتوں میں وہ خلوص باقی نہیں رہا۔ہر رشتہ مادی ضرورت بن

گیا ہے اور مطلب پرستی، مفاد پرستی اور خود غرضی زندگی کے معمولات بن گئے ہیں۔ ہر گھر میں ٹی وی کی موجودگی منی تھیٹر کا احساس دلاتی ہے اس سے معاشرتی اور کبھی کبھی ازدواجی بگاڑ بھی پیدا ہو رہا ہے۔ غرض کہ ہر شعبہ پر منفی اثر زیادہ مرتب ہو رہا ہے اور مثبت اثر کم ہو رہا ہے۔ ٹی وی پر پیش کیا جانے والا مواد وقتی تاثر چھوڑتا ہے۔ اور تصویروں کے ذریعہ جو تصور دیا جاتا ہے وہ بھی موثر ہے اور جادوئی انداز کا ہوتا ہے۔ انسان کی فطرت ہے کہ وہ تصویروں کے ذریعہ پیش کئے جانے والے حالات وواقعات شوق و ذوق سے دیکھتا ہے۔ لیکن ان کے ذریعہ سے پڑنے والے مثبت اثرات لمحاتی ہوتے ہیں۔ عصری دور میں الکٹرانک ذرائع سے یعنی بصری وسماعی اسباق پیش کئے جاتے ہیں۔ ٹی وی کچھ حد تک معلم کا رول بھی ادا کر رہا ہے، معلم کے ذریعہ سے ٹی وی پر اسباق پیش کئے جاتے ہیں۔ یعنی عصری سماجی شعور ٹکنالوجی کا ادراک بھی کچھ حد تک ہو رہا ہے لیکن مسئلہ یہ پیدا ہوتا ہے کہ ٹی وی کے ذریعہ سے حاصل شدہ مواد اتنا دیرپا نہیں ہوتا جتنا کتابوں اور روزناموں اور رسائل کے ذریعہ سے حاصل شدہ مواد سے ہوتا ہے۔ ٹی وی اسباق کا بار بار اعادہ نہیں کرسکتا لیکن کتاب و روزناموں کے مندرجات سے ہر وقت استفادہ کیا جاسکتا ہے۔ میری دانست میں ٹی وی سے انسان کی اختراعی قوتیں سلب ہو جاتی ہیں چونکہ تقلیدی عمل سے ذہن کے سوتے خشک ہو جاتے ہیں اور انسان میں ایجادات وانکشافات کا وصف متاثر ہو جاتا ہے۔ صلاحتیں، قابلیتیں داؤ پر لگ جاتی ہیں ذہنی جدتیں و جولانیاں ماؤف ہو جاتی ہیں۔ مشرقی تہذیب میں ٹی وی کا خاطر خواہ مثبت اثر نہ کے برابر ہے۔ البتہ منفی اثر بے حد مرتب ہو رہا ہے اخلاقی بگاڑ اور سماجی و روحانی بحران ٹی وی سے پیدا ہو رہا ہے۔ مذکورہ بالا منفی و مثبت اثرات کے علاوہ ٹی وی کے استعمال سے انسان کے ذوق مطالعہ اور کتب بینی کے شوق پر منفی اثر مرتب ہو رہا ہے۔ خاص کر طلبہ کا طبقہ بے حد متاثر ہے کسی بھی قوم و ملک کی ترقی کا دارومدار مطالعہ پر ہے مطالعہ سے ہی صلاحیتیں وقابلیتیں پروان چڑھتی ہیں۔ تخیل وافکار کو جلا ملتی ہے قوم کی معاشی، سماجی، ثقافتی اور تمدنی زندگی کا ارتقا بھی مطالعہ پر مبنی ہے۔ مطالعہ ذوقی چیز ہے اور ٹیلی ویژن بھی شوق پر منحصر ہے۔ موجودہ دنیا الکٹرانک میڈیا کی خوگر ہوگئی ہے جس کی وجہ سے پرنٹ میڈیا پر جزوی اثر پڑنے لگا ہے جب سماج و معاشرہ میں مطالعہ کا شوق و ذوق متاثر ہوگا تو کتابوں واخبارات کی زندگی کا کیا ہوگا۔ کتاب زندگی کی ساتھی تھی۔ ایک زمانہ تھا لوگ عسرت وعشرت اور سفر و حضر میں کتابیں واخبارات اپنے ساتھ رکھتے تھے اور مطالعہ میں مگن رہتے تھے۔ لیکن آج کی نئی نسل ٹھیک سے ایک مکمل مضمون بھی پڑھ نہیں پاتی دراصل مطالعہ کا شوق و ذوق ماند پڑ رہا ہے اور پرنٹ مواد

پرالکٹرانک مواد کوترجیح دی جارہی ہے۔اورسماج ومعاشرہ میں ٹیلی ویژن کا اثراس درجہ سرایت کرگیا ہے کہ لوگ اس کے بغیر زندگی کو بے مزہ محسوس کرتے ہیں۔روشن خیالی وٹکنالوجی کے دور میں ٹی وی کے ساتھ ساتھ اپنے ذوق وشوق مطالعہ کوفروغ وتقویت پہنچائے۔اخبار بینی وکتب بینی سے معلومات میں اضافہ ہوتا ہے۔نئے نئے الفاظ تخلیق کرنے کی صلاحیت پیدا ہوگی۔ذہن وروح کوغذا ملے گی تب جسم بھی تندرست ہوگا۔ذوق وشوق مطالعہ سے شخصیت کی تشکیل وتعمیر ہوگی۔خودداری وخودی کا ادراک وپہچان بھی مطالعہ سے ہوگا۔بقول اقبالؒ ؎

خودی کو کر بلند اتنا کہ ہر تقدیر سے پہلے
خدا بندے سے خود پوچھے بتا تیری رضا کیا ہے

❖❖❖

35. سماجی زندگی پرٹی وی اور فلموں کے اثرات

سماج افراد کے مجموعہ کا نام ہے۔ ہر فرد سماجی ریت و رواج کا پابند ہوتا ہے۔ سماجی قوانین و ضوابط اس کی رہبری و رہنمائی کرتے ہیں۔ ان کے جغرافیائی تقاضے اور طرز معاشرت وتمدن بھی مختلف ہوتے ہیں۔ ہندوستان بھی ایک قدیم ملک ہے۔ یہاں کی تہذیب وتمدن بھی بہت قدیم وقدامت لئے ہوئے ہے۔ اگر قدیم تہذیبی نقشہ دیکھنا ہوتو ہندوستانی دیہات ان کے آئینہ دار ہیں۔ آج بھی وہاں کے لوگ ہوائی جہاز، سورج گہن اور چاند گہن کو دیکھ کر تعجب وحیرت کا اظہار کرتے ہیں۔ تعلیم کی کمی ودیہاتوں میں ناخواندگی اور جدید انکشافات وایجادات سے عدم آگہی حیرت واستعجاب کا موجب بن رہی ہے۔ ٹی وی کی ایجاد نعمت سے کم نہیں۔ اس سے استفادہ کا مطلب یہ نہیں کہ وہ تفریح وتعیش کا ذریعہ ہے بلکہ اسے سماجی اور معاشرتی آگہی وشعور کا باعث بنایا جائے۔ لیکن دراصل اس کی آمد اور غرض وغایت یہ تھی کہ یہاں کے دیہاتی ماحول میں سدھار آجائے، چنانچہ زرعی وزراعتی ماحول میں تبدیلیاں رونما ہوئیں اور ٹی وی سبز انقلاب کا نقیب بنا۔ ہل کی جگہ Tractor کا استعمال ہونے لگا یہاں تک کہ فصلوں کی کٹوائی اور اجناس وغلہ کی تیاری میں نئے عصری آلات سے استفادہ کیا جانے لگا۔

ہر ایجاد، سماجی وسائنسی مقصد کے تحت ہوا کرتی ہے۔ ٹی وی جب ہند میں آیا تو لوگ حیرت و استعجاب کا اظہار کرنے لگے۔ ناخواندہ و بے شعور افراد اس کو بدشگون کہنا شروع کئے اور پرکھوں کی تہذیب وتمدن اور مذہب کے لیے نقصان دہ ظاہر کرنا شروع کیا گیا۔ جیسے جیسے روشن خیالی آتی گئی اور زمانہ کروٹیں لینا شروع کیا، اس کے تعلق سے شکوک وشبہات رفع ہونے لگے۔ اسلام نے تو ہر وہ چیز جس کو تصویروں کے ذریعہ سے ظاہر کیا جاتا ہے منع کیا ہے اور وہ ناجائز ہے۔ عالم وفاضل حضرات آج بھی ٹی وی سے ہونے والی برائیوں کو اپنے پند ونصائح اور وعظ میں موضوع بناتے ہیں۔

ٹی وی آنے سے تعلیم بھی عام ہوئی اور اس کے ذریعہ حالات پیش کئے جاتے رہے جس سے سماجی تبدیلی واقع ہوئی۔ بہر حال معاشی وسماجی تبدیلی وتمدنی ارتقا وفروغ میں ٹی وی کے رول کو فراموش

نہیں کیا جا سکتا۔ جب معیشت میں سدھار آیا اور معاشی معیارات بدلنے لگے تو سماج ترقی کے زینے طئے کرتا رہا اور سماج کو مختلف النوع آلات سے سروکار ہو گیا۔ ایجادات کا سلسلہ چلتا رہا تب ٹی وی تفریح و تعیش کا ذریعہ بن گیا۔ ذہنی آسودگی اور قلبی اطمینان کے لیے ٹی وی کئی سالوں تک استعمال میں آتا رہا۔ آج بھی اس کے کئی سیریل سے ناظرین محظوظ ہوتے ہیں۔ فلموں کی ٹیلی کاسٹ بھی ہفتہ میں دو یا تین مرتبہ DDI چیانل پر ہوتی ہے۔ لیکن مغربی چیانل سے ہندوستانی سماجی زندگی اخلاق باختگی کا شکار ہوگئی۔ عریاں، فحش مناظر وعمل نے خاص کر نوجوان نسل کو کہیں کا نہ رکھا۔ وہ جنسی بے راہ روی کا شکار ہوگئے اور عصمت وعفت کا تحفظ مشکل ہو گیا۔ ٹی وی سے سینما پر جو اثر پڑنا تھا سو پڑا، سینما بینی میں کمی ہوئی۔ لیکن یہ غلط خیال ہے۔ آج بھی کئی تھیٹر اور سینما ہال بھرے ہوئے نظر آتے ہیں۔ ٹی وی پر پیش کئے جانے والے اشتہارات سے انسانی زندگی میں تبدیلیاں آئیں۔ زندگی کے طور طریقے بدلے اور رہن سہن لباس وضع قطع میں ایک نیا موڑ آیا۔ ورنہ ہماری سماجی زندگی قدامت پسند ہو جاتی۔ ایسے حالات میں ٹی وی سماجی تبدیلی کا مظہر ثابت ہوا لیکن اس کا زیادہ استعمال صحت اور اخلاق کے خراب ہونے کا موجب بن جاتا ہے۔ ٹی وی سے زیادہ استفادہ مطالعہ میں کمی کا باعث بن رہا ہے۔ طالب علم نصابی و درسی مواد پر اتنا عبور نہیں رکھتے جتنا ٹی وی پر پیش کئے جانے والے مواد پر عبور رکھتے ہیں۔ بہر حال اس کے محدود موزوں استعمال سے سماجی ترقی ہو سکتی ہے۔ اور مغربی چیانل سے ہر نوجوان کو اجتناب کرنا ناگزیر ہے۔ رات کے اوقات میں یہ زی چیانل، اسٹار چیانل اور دیگر مغربی چیانل عریاں وفحش حرکات و سکنات پر مبنی مناظر و مواد پیش کر رہے ہیں۔ لہٰذا ماں باپ کا فرض بن جاتا ہے کہ وہ مغربی قسم کے تمام چیانل کے عدم استعمال کو یقینی بنائیں تا کہ نوخیز نسل کے اخلاق و کردار خراب ہونے سے محفوظ رہ سکیں۔ ان کے علاوہ فلمیں بھی سماجی وتہذیبی تبدیلی کا مظہر ہوتے ہیں۔ ایک زمانے میں فلموں کو Social Change کا بہترین ذریعہ تصور کیا جاتا تھا۔ سماج کے افراد کو ذہنی تسکین کے ساتھ ایک روحانی آسودگی بھی حاصل ہوتی تھی۔ ویسے ہر فلم مقصدیت پر مبنی ہوتا ہے ان میں سماجی، سیاسی، معاشرتی اور اصلاحی پہلو مضمر ہوتا ہے۔ ایسے تناظر میں ہم کہہ سکتے ہیں کہ فلمیں بھی سماجی تبدیلی کا بہترین ذریعہ ہیں لیکن اس کے ساتھ ساتھ وہ سماج پر مضر اثرات بھی مرتب کر سکتے ہیں۔

دور حاضر کی فلموں میں مار دھاڑ اور فسق وخون ریزی کے مناظر کو کھلے عام دکھایا جاتا ہے۔ اس کو عار نہیں سمجھا جاتا بے مقصد اور بغیر کسی کلائمکس کے فلمیں تخلیق ہو رہی ہیں۔ نہ مقصد نہ سبق۔ یہاں

تک کہ قلبی وذہنی اطمینان بھی عصری فلموں سے میسر نہیں۔ ناظرین انتشار و بحران کی کیفیت سے دوچار ہو کر سینما ہالوں سے باہر نکلتے ہیں۔ جو سماجی ناپسندیدہ اعمال فلموں میں پیش کئے جاتے ہیں اس کی پریکٹس سماج میں ہونے لگی ہے اور ان کو عملی شکل دینا چاہتے ہیں۔ بہر حال کسی فلمی انداز کا عمل سماج میں دہرایا جاتا ہے۔ اس طرح کی فلمیں نوجوان نسلوں کو تباہ و برباد کرنے کا پیش خیمہ ثابت ہورہی ہیں۔ نہ کوئی کردار مثالی اور نہ کوئی نغمہ سرور عطا کرتا ہے۔ سماجی زندگی پر ٹی وی اور فلموں کے مثبت اثرات کم، مضر اثرات زیادہ مسلط ہورہے ہیں۔ ہمیں چاہئے کہ ایسی چیزوں وعادتوں کو اپنائیں جو سماج کے لیے پسندیدہ ہوں۔ ناپسندیدہ اعمال وافعال سے اجتناب کرنا چاہئے۔ اقبال کے الفاظ میں آج ہمارے پیش نظر۔

روش مغربی ہے مدّ نظر
وضع مشرق کو جانتے ہیں یہ گناہ!

❖❖❖

36. شہر کی بے چراغ گلیوں میں......

دنیا میں کئی ایسے شہر ہیں جو تاریخی، تہذیبی اور تمدنی اہمیت وعظمت رکھتے ہیں۔ان کی ثقافت اور معاشرت مثالی ہوتی ہے۔ پیرس، ٹوکیو، ماسکو، لندن، نیویارک و واشنگٹن ڈی سی، عالمی سطح پر شہرت رکھتے ہیں۔ ہندوستان میں کولکتہ، چینائی، بنگلور اور حیدرآباد مشہور ومعروف ہیں۔ان کی اپنی تہذیبی تاریخ ہے۔ ان کی اپنی مخصوص شناخت و پہچان ہے۔

شہر کا نام سنتے ہی انسانی ذہن میں آرام وآسائش کا تصور آجاتا ہے اور مہذب ہونے کی دلیل دی جاتی ہے۔اردو شاعری میں شہر، تہذیبی استعارہ کے طور پر استعمال ہوا ہے۔''شہر'' کے عنوان کے تحت کئی اشعار مل جاتے ہیں۔شہروں کی اپنی ایک روشن ودرخشاں زندگی ہے، ہر کوئی شہر کے آرام کو دیکھ کر شہر میں بسنا چاہتا ہے۔محمد قلی قطب شاہ نے بھی گولکنڈہ کی بڑھتی ہوئی آبادی کے پیش نظر ایک نیا شہر بسانے کا ارادہ کیا اور اس خیال کو اس نے 1591ء میں پائے تکمیل کو پہنچایا اور اپنے شہر کے لیے دعا کی کہ یا خدا تو میرے شہر کو آباد کر، شاید اسی کی دعا کا اثر ہے کہ حیدرآباد گنجان آبادی والا شہر بن گیا۔لیکن بڑھتی ہوئی آبادی کے پیش نظر کئی مسائل جنم لیتے ہیں۔موجودہ دور میں حیدرآباد کو نہ صرف آبادی بلکہ ٹریفک کا بھی مسئلہ درپیش ہے۔آج کسی مصروف سڑک کو عبور کرنے کے لیے پانچ یا دس منٹ کا وقت درکار ہوتا ہے، جگہ جگہ واطراف واکناف میں چھوٹے ٹاؤن وجود میں آرہے ہیں۔فارم کلچر کا بول بالا ہے اور سب کچھ بدل رہا ہے۔حیدرآبادی بریانی اور شیروانی تہذیبی علامت تھی لیکن آج روزمرہ زندگی کے یہ تہذیبی عناصر ہنسی بن گئے ہیں۔

اب ہم ناصر کاظمی کے مندرجہ ذیل اشعار کی روشنی میں حیدرآباد کا جائزہ لیں گے۔

شہر کی بے چراغ گلیوں میں　　زندگی تجھ کو ڈھونڈتی ہے ابھی
اچھا وقت بھی آئے گا ناصؔر　　غم نہ کر زندگی ہے ابھی

شاعر نے کہا ہے کہ شہر کی بے چراغ گلیوں میں یعنی وہ مقامات جہاں روشنی نہ ہو' مطلب یہ کہ شہر میں کئی علاقے ایسے ہیں جہاں گھروں میں دیا جلانے کے لیے بھی کچھ نہیں ہوتا' مفلسی وغریبی ان کا مقدر ہوتا ہے۔لوگ یومیہ اجرت پر زندگی بسر کرتے ہیں اور اگر یہ معاشی وسیلے بند ہوجائیں تو وہ دانے دانے کے محتاج ہو جاتے ہیں۔اس کے علاوہ لوگ شہر میں رہتے ہوئے وہ آرام وسکون نہیں پاتے جو کہ شہر کے تصور سے ان کے ذہن میں آجاتا ہے۔شہر ایک طرح سے ''قہر'' بنتے جارہے ہیں۔لوگ معاشی سرگرمیوں میں ایسے منہمک ہیں کہ ان کو ذہنی سکون میسر نہیں۔رات دن مصروف رہنا ہی گویا ان کی زندگی بن چکا ہے' وہ سکون جو رات کے روپ میں نصیب ہوتا ہے' اب مفقود ہوتا جارہا ہے۔آج سے دس سال پہلے دس گیارہ بجتے ہی سڑکیں سنسان ہوجایا کرتی تھیں لیکن آج دو تین بجے تک بھی لوگوں کی سرگرمی کسی نہ کسی عنوان سے جاری ہے۔اب وہ قلبی راحت کہاں؟ شہر میں غریب طبقے کو کوئی مقام نہیں وہ معاشی پستی کی وجہ سے ایسے مقامات پر زندگی گزارتے ہیں جہاں کوئی سہولت نہیں۔سلم علاقوں میں لوگ ایسے رہتے ہیں کہ وہ وحشی معلوم ہوتے ہیں۔ڈرینج اور سمنٹ کے پائپوں میں ان کی زندگی گزرتی ہے' تن ڈھانکنے کے لیے کپڑا اور دو وقت کی روٹی کا ملنا محال ہوگیا ہے' ان کی زندگی بڑے کرب ناک انداز سے گزرتی ہے۔قصہ مختصر یہ کہ حسرت ویاس اور امید کی کشمکش میں زندگی گزرتی ہے۔سرمایہ دار طبقے کے استحصالی رویے سے غریب' غریب ترین اور امیر' امیر ترین ہوتا جارہا ہے۔شاعر نے ایسے مسائل کو شہر کی بے چراغ گلیوں سے تعبیر کیا ہے۔اب شہر میں کیا کچھ نہیں ہورہا ہے؟ شام ہوتے ہی کیسے کیسے مناظر دیکھنے کو مل رہے ہیں' معاشی طور پر کمزور و مجبور حسینہ کسی گاہک کے انتظار میں گھڑیاں گنتی دکھائی دیتی ہے! بڑے شہروں میں مخصوص علاقے ہوتے ہیں جہاں لوگ جسم فروشی کر کے اپنی زندگی گزارتے ہیں۔ایسے میں حکومت وسماجی اداروں کی ذمہ داری ہے کہ وہ اس وبا کا خاتمہ کریں تاکہ بے راہ روی کا خاتمہ ہو۔

حیدرآباد بھی اس سے محفوظ نہیں رہا' شہر کو اس طرح کی گندگی سے دور رکھنا چاہیے۔اب شہروں میں ایسے مسائل پیدا ہورہے ہیں کہ جنہیں دیکھ کر زندگی بھی چیخ اٹھتی ہے۔یہ زندگی وہ زندگی تو نہیں جس میں انسان کو ذہنی وقلبی آسودگی حاصل ہوا کرتی تھی۔اب سوائے تناؤ' تھکن' بے چینی' کرب' مفاد پرستی' خود غرضی' اخلاقی پستی' انسانی عظمت کا انحطاط وانسانی قدروں کے پامال ہونے کے کچھ بھی نہیں! پھر بھی شاعر کو یہ امید ضرور ہے کہ اچھا وقت بھی آئے گا۔

❖❖❖

37. پرانے شہر کی معاشی اور تعلیمی ترقی

پرانا شہر' اصل حیدرآباد کہلاتا ہے۔ یہاں کی تہذیب و ثقافت مشہور ہے اور حیدرآباد شہر جو فرخندہ بنیاد' قومی یکجہتی کا مظہر' شہر فسوں' شہر نگاراں بھی کہلاتا ہے' کی تاریخ وثقافت سنہرے حرفوں سے لکھنے کے قابل ہے۔ شاہی دور میں حیدرآباد کی معیشت اطمینان بخش تھی۔ محمد قلی قطب شاہ سے لے کر میر عثمان علی خاں تک حیدرآباد کی معاشی ترقی مثالی تھی۔ اس دور میں کئی ذخائر آب تعمیر کئے گئے اور آبی سہولت کے لیے نہریں نکالی گئیں۔ پرانے شہر کو تالابوں سے پانی مہیا کیا جاتا تھا لیکن بڑھتی ہوئی آبادی کے سبب مسائل پیدا ہوتے گئے اور شہر گنجان آبادی بننے لگا' آبادی کی کما حقہ ضرورتوں کو پورا کرنا چونکہ حکومت وقت کا کام ہوا کرتا ہے اس لیے حکومت غور وفکر اور منصوبہ بندی میں مصروف رہا کرتی تھی۔

پرانا شہر حیدرآباد' 1947ء کے بعد معاشی پستی کا شکار بن گیا' رہی سہی کسر پولیس ایکشن' ریاستوں کی تنظیم جدید اور لسانی بنیادوں پر ریاستوں کی تشکیل نے پوری کردی۔ یہ وہ وقت تھا جب اردو بھی مختلف علاقوں میں اقلیت میں آگئی اور اسے کوئی ریاست نہ مل سکی۔ بہرحال سیاسی نشیب وفراز تو آتے رہتے ہیں لیکن آج پرانے شہر کی معاشی حالت سوالیہ نشان بن گئی ہے۔ پرانے شہر میں کوئی بھی سرکاری اعلیٰ محکمہ' فیکٹری یا صنعتیں ندارد ہیں۔ جتنے خاندان ہیں سب یومیہ اجرت پر گزارہ کرتے ہیں۔ اگر کبھی یومیہ اجرت منقطع ہوجائے تو محتاج ہوجاتے ہیں۔ پرانے شہر میں ایسے لوگ بستے ہیں جو روزمرہ اجرت پر گزارہ کرتے ہیں' ان کی مالی حالت مستحکم نہیں اور نہ ان کے لیے کوئی مستقل روزگار ہے۔ معاشی پستی کی وجہ سے تعلیم میں وہ بہت پیچھے ہوچکے ہیں' تعلیم کے لیے وہ جذبہ نہیں جو دیگر طبقات میں پایا جاتا ہے۔ سماجی حالت بھی بہت خراب ہے' سماجی رتبہ اور مرتبہ ایسا کہاں جو نئے شہر والوں کو میسر ہے۔ پرانے شہر میں تعلیمی ادارے تو موجود ہیں لیکن خطیر رقم دے کر تعلیم حاصل کرنا پڑتا ہے۔ ہم دیکھ رہے ہیں کہ تعلیم کا حصول دولت مندوں کے لیے آسان ہے۔ آج بھی پرانے شہر میں 40 فیصد خواندگی بڑی مشکل سے

ملتی ہے۔ یہاں تک کہ اردو سے بھی کئی خاندان نابلد ہیں۔ اردو بولتے ہیں لیکن انہیں لکھنا پڑھنا نہیں آتا۔غریب اوراوسط درجے کےلوگ تعلیم کے ثمرات سے کوسوں دور نظر آتے ہیں۔ جب کہ کسی بھی قوم کی ترقی کا دارومدار اس کی تعلیم پر ہے اگر معاشی حالت ہی پستی کا شکار ہوتو پھر کوئی تعلیم کیسے حاصل کرے؟ ویسے یہ بات سب پر عیاں ہے کہ آزادی کے بعد مسلمانوں کی معاشی جڑیں کاٹ دی گئی ہیں۔ اس لیے یہ طبقہ تعلیمی طور پر ابھر نہیں پا رہا ہے۔ کمپیوٹر ٹکنالوجی اور عصری تعلیم مسلمانوں کے لیے خاص کر پرانے شہر والوں کے لیے خواب کی باتیں بن کر رہ گئی ہیں کیونکہ اس کے حصول میں خطیر رقم درکار ہے اور معاشی حالت انہیں اس بات کی اجازت نہیں دیتی۔ ایسے میں ملت کے مذہبی وسیاسی قائدین اور مدبر غوروفکر کریں اور ایک پیکج بنائیں تا کہ پرانے شہر کی معاشی اور تعلیمی حالت میں ترقی ہو سکے۔

آج قانون کے مطابق بچہ مزدوری ایک جرم ہے، لیکن پرانے شہر میں بہت کم گھر ایسے ہوں گے جن کے بچے روزانہ کی مزدوری پر نہ جاتے ہوں۔لیکن کسی نے بھی بچہ مزدوری کے خاتمہ اور معاشی خوشحالی کے، دیگر بہترین ذرائع فراہم کرنے پر توجہ نہیں دی ہے۔ پرانے شہر کی سماجی ومعاشی ترقی کے لیے مختصر مدتی وطویل مدتی منصوبہ بندی کی ضرورت ہے۔گلی کوچوں میں تعلیم خصوصاً اردو ذریعہ تعلیم کو عام کرتے ہوئے جہالت و ناخواندگی کو دور کرنا ہوگا۔ روزگار کی نئی اسکیمات کے ذریعہ جز معاشی و بے روزگار لوگوں کو راحت پہنچائے بغیر ہم بہتر حیدرآباد کا خواب نہیں دیکھ سکتے۔اس کے علاوہ اہلیان شہر میں شہر کی عظمت رفتہ کا احساس بھی اجاگر کیا جائے۔انسانی خیراتی وسماجی اداروں کو اپنے کام کے لیے پرانے شہر پر توجہ مرکوز کرتے ہوئے شہر کی پسماندگی کو دور کرنے کے اقدامات کرنا چاہیے۔

❖❖❖

38. شہر آج بھی اجڑتے ہیں

شہر کا نام سنتے ہی دل کو آرام و آسودگی حاصل ہوتی ہے کیونکہ وہاں پر ہر قسم کی سہولت میسر ہوتی ہے اور اسی سہولت و آرام کو دیکھ کر لوگ دیہات اور گاؤں چھوڑ کر شہروں کا رخ کرتے ہیں۔ چنانچہ مختلف ضروریات و مجبوریوں کے تحت شہر گنجان بنتے جارہے ہیں۔ یوں تو شہروں پر ماضی میں بھی عتاب نازل ہوتا رہا ہے۔ البتہ مصیبت مختلف عنوانات سے نازل ہوتی رہی ہے۔ دہلی جو ہندوستان کی راج دھانی ہے اور پورے عالم میں مشہور و معروف ہے اور جس کی اہمیت و عظمت اپنی جگہ پر قائم ہے' اس کی تاریخ شاہد ہے کہ اس کو کئی مرتبہ لوٹا گیا۔ ہلاکو خان اور چنگیز خان نے اسے بہت لوٹا اور جلا ڈالا' نادر شاہ اور احمد شاہ ابدالی نے بھی دہلی کو خوب لوٹا۔ شہروں کو لوٹنے اور ظلم ڈھانے کی ایک وجہ یہ بھی ہوسکتی ہے کہ یہاں مال و دولت زیادہ پائی جاتی ہے اور متمول طبقہ یہاں گزر بسر کرتا ہے اس لیے شہروں پر عتاب نازل ہوتے رہے ہیں لیکن شہروں ہی سے ملک کی شناخت ہوتی ہے اور ملک ترقی کی راہ پر گامزن ہوتا ہے۔ صدیوں سے شہروں کو تہذیب کے مراکز سمجھا جاتا رہا ہے۔ قدیم تاریخی تہذیبیں شہروں میں ہی جنم لیں اور پروان چڑھیں۔ خصوصاً وادی سندھ کی تہذیب شہری تہذیب تھی جو منظّم منصوبہ بندی کی مثال پیش کرتی ہے۔ لیکن یہ تہذیب بھی ملیامیٹ ہوئی اس کے اجڑنے کی وجوہات پر ابھی تک راز کے پردے میں پڑے ہیں۔ اسی طرح شہر روم کے متعلق بھی جاتا ہے کہ Rome was not built in a day یعنی روم ایک دن میں تعمیر نہیں ہوا۔ شاید اسی لیے فانی بدایونی نے کہا تھا کہ ؎

بستی بسانا کھیل نہیں بستے بستے بستی ہے

حالیہ عرصہ میں گودھرا واقعہ نے بھی ایک ریاست کے کئی شہروں کو آگ کی لپیٹ میں لے لیا تھا جس کے اثرات سے ملک کے مختلف شہروں میں کافی جانی و مالی نقصان ہوا۔ انسانیت سوز حرکات اور انسانی ہلاکت خیزیوں کے مناظر سے دیگر اقوام و ممالک کے رونگٹے کھڑے ہو گئے تھے۔

شہروں میں فسادات کیوں ہوتے ہیں؟ اس کا صاف جواب بس یہی ہوسکتا ہے کہ وہاں کی سیاست اور غنڈہ گردی فساد میں ملوث ہوجاتی ہے۔ جب سیاست ہی بحران و انتشار میں اپنا کردار ادا کرے تو یقیناً حالات خراب ہوں گے۔ گجرات کے فساد میں نریندر مودی کا کردار سب پر عیاں ہے۔ برسرعام انسانیت سوز حرکات کی گئیں اور دنیا مختلف چینلوں پر یہ نظارہ دیکھتی رہی۔ فساد کروانے والے مجرموں کو عبرت ناک سزا دینی چاہیے۔ ان سے لچکدار رویہ پھر کسی نئے شہر کے اجڑنے کا پیش خیمہ ثابت ہوسکتا ہے۔ کوئی ایسا قانون بنایا جائے جس سے شرپسندوں کے حوصلوں وعزائم کو روندا جاسکے اور وہ دوبارہ کسی غیر سماجی وغیر انسانی سرگرمیوں میں ملوث نہ ہوں۔ ساتھ ہی شہروں میں جرائم کی روک تھام کے لیے ایکشن پلان بنانا چاہیے' کیونکہ شہروں میں قتل وغارت گری روز کا معمول بنتا جارہا ہے' ایسے میں ہندوستان کے شہر اخلاقی انقلاب کے محتاج نظر آتے ہیں۔ کب کیا ہوگا کسی کو پتہ نہیں' افسوس کہ شہر حادثوں کا منبع بنتے جارہے ہیں۔

❖❖❖

39. پرانا شہر: روحانی آسودگی کا شہر

پرانا شہر ہی دراصل وہ جگہ ہے جو برسوں پہلے اصل و خالص شہر کہلاتا تھا' یہیں پر شاہی شان و شوکت تھی اور تہذیب کا جنم بھی اسی علاقے میں ہوا تھا۔ حیدرآباد شہر چچلم موضع کے مقام پر بنایا گیا۔ یہاں کی تہذیب و ثقافت دنیا میں معروف و مقبول ہے' حیدرآباد کے شہری ہونے پر سب کو فخر ہوتا ہے لیکن اس پرانے شہر کو لوگ مختلف Label سے نوازتے ہیں' کچھ لوگ کہتے ہیں کہ پرانے شہر میں جہالت بہت زیادہ ہے' شہر میں اقلیتی اور اکثریتی ادارے موجود ہیں اور عصری اداروں کا نٹ ورک بتدریج پھیلتا جارہا ہے لیکن اس کے باوجود پرانا شہر جہالت کا پیکر بنا ہوا ہے' یہاں کی آبادی کا ایک بڑا حصہ تادم تحریر اردو' انگریزی اور تلگو سے نابلد ہے' صرف بولی پر تمام کاروبار چلتے ہیں' یہاں تعلیم عام نہ ہونے کی وجہ سے آبادی کی سماجی' معاشی اور معاشرتی ترقی نہیں ہو پارہی ہے اور یہاں تعلیم بنیادی ضرورت میں شامل نہیں ہے۔ یہاں کی اصلی زندگی کی روح قلوب کا ملاپ ہے۔ کفالت و آسودگی کے لیے لوگ ہر وقت سرگرداں نظر آتے ہیں۔ اب پرانے شہر میں دانشور و ادباء کم ملیں گے کیونکہ سب نئے شہر منتقل ہو گئے ہیں اور وہاں رہ کر بے کسوں کا دم بھرتے ہیں اور اپنی تخلیقات میں ان کو موضوع بناتے ہیں۔ تجربہ شاہد ہے کہ جتنے این آر آئیز ہیں جن کی پیدائش پرانے شہر میں ہوئی تھی وہ سب کے سب نئے شہر میں آشیانے بنا رہے ہیں اور منہ مانگی قیمت ادا کر کے نئے شہر میں بسنے کو ترجیح دے رہے ہیں۔ اس کے کئی اسباب ہیں' کچھ لوگ تو فسادات سے ڈر کر نئے شہر کا رخ کرتے ہیں۔

آخر پرانے شہر کے نام سے لوگ کیوں خائف ہیں؟ اب تو یہ بات بھی سننے میں آرہی ہے کہ لوگ اپنی لڑکیوں کی شادی کے رشتے طئے کرنے کے لیے پرانے شہر میں موجود ذاتی مکان کو بیچ کر معہ اہل و عیال نئے شہر میں کرایہ کے گھروں میں رہ رہے ہیں۔ کیونکہ پرانے شہر میں اچھے رشتے ملنا محال ہے۔ یہ ایک حقیقت ہے کہ مفلسی یا غربت انسان سے سب کچھ کرواتی ہے اور اسے سماجی پستی میں مبتلا کر دیتی ہے۔ پرانا شہر برسوں سے پسماندہ ہے' سیاسی ترقی کے باوجود پرانے شہروں کی زندگی آج بھی خط غربت

سے نیچے ہے کوئی مستقل معاشی ذرائع میسر نہیں اور نہ اعلیٰ تعلیمی ادارے موجود ہیں۔اب تو کچھ لوگ پرانے شہر والوں کو مشکوک نظر سے دیکھنے لگے ہیں۔انہیں دقیانوسی' کچا عقیدہ رکھنے والے' پرانے خیالات والے' 16ویں صدی کے لوگ جیسے القاب سے نوازنے لگے ہیں' حالانکہ پرانے شہر میں ہمیں قومی یکجہتی کی جیتی جاگتی مثالیں ملیں گی۔مختلف طبقات میں میل جول' ملنساری اور آپسی مفاد ملے گا اور تجارتی سرگرمیاں ملیں گی' تہذیب' تمدن' ثقافت اور معاشرتی زندگی میں اجتماعیت کا انداز ملے گا۔یہاں کی تہذیب میں یک رنگی اور فرقہ وارانہ ہم آہنگی ملے گی۔ پرانے شہر سے ہی تو محبت ومحنت کے سوتے پھوٹے ہیں' محبت وخلوص کے پیکر شہریوں کو مفت میں اس طرح بدنام کرنا' یقیناً نادانی ہے۔ پرانا شہر آج بھی امن ویکجہتی کا گہوارہ ہے' یہاں کی زندگی میں روحانی آسودگی ملے گی اور قلبی سکون ملے گا۔

نئے مکانوں میں ہجرت کے لوٹتے ہیں مزے
اجاڑ دی ہیں پرانی حویلیاں ہم نے!
(زبیر رضوی)

❖❖❖

40. شادی کے لیے خودساختہ اصولوں سے معاشرہ تباہی کے دہانے پر

شادی ایک مقدس فریضہ کا نام اور سنت ہے چنانچہ یہ حکم بھی دیا گیا ہے کہ نکاح کو اتنا آسان کرو کہ زنا مشکل ہوجائے۔ لیکن ہم اس کے برعکس ہو گئے ہیں۔ محض جہیز کو مقصود و جز بنا کر نکاح کو مشکل بنا رہے ہیں۔ حالانکہ جہیز لینا و دینا جائز نہیں اور نہ یہ اسلامی شعار ہے۔ اب تو شادی کے لیے لڑکی کی تلاش کا یہ معیار ہوگیا ہے کہ سو لڑکیاں دیکھ بھی لیں تو لڑکے والوں کو پسند نہیں آتیں۔ آخر اس کی کیا وجہ ہے؟۔

روز آنہ کئی لڑکیاں رونمائی کی صلیب پر چڑھادی جاتی ہیں لیکن لڑکے والوں کی من پسند و خود ساختہ خواہش وارمانوں پر نہیں اترتیں اور ان کے ایسے غیر فطری و غیر اسلامی اصول ہوتے ہیں کہ برسوں خاک چھاننی پڑتی ہے، تب بھی لڑکی پسند نہیں آتی۔ لڑکے والوں کی من پسند و خود ساختہ اصول و خواہشات کے انتخاب میں جو اسلامی اصول و تقاضے ہیں اس کو بالائے طاق رکھ دیتے ہیں۔ کسی کو توفیق نہیں ہوتی کہ کوئی لڑکی کے والدین سے پوچھ لے کہ کیا لڑکی پابند صوم وصلوٰۃ ہے؟ رشتہ آتے ہی پہلے کہہ دیتے ہیں کہ ہمارے لڑکے کا رنگ کالا و سیاہ ہے، ہمیں گوری لڑکی دلا دیجئے تاکہ گورے بچے ہوں۔ اس کی نسل بھی گوری نکلے۔ یہ کیسا عذاب و اذیت ناک پہلو ہے۔ اگر سب گورے رنگ کی خواہش کریں تو سانولی لڑکیوں کا کیا ہوگا۔ سیاہ و سانولی لڑکیوں کے لیے منہ مانگی رقم و بہت زیادہ جہیز مانگا جاتا ہے۔ مسلم معاشرہ کا یہ کیسا کربناک پہلو ہے۔ لڑکی والے ماں باپ اس تصور سے زندہ درگور ہورہے ہیں۔ ایسے سنگین معاشرتی مسائل سے دوچار ہیں کیا ہم اصلاح نہیں کرسکتے؟ اب کسی سرسید احمد خاں کا انتظار تو نہیں۔ کوئی مسیحا آئے اور معاشرتی دکھ درد کا مداوا کرے۔ ایسے خودساختہ و من پسند معیارات کی عمر بھر تکمیل نہ ہوگی۔ لڑکیوں میں ظاہری عیب نکالنے سے پہلے اپنے گریباں میں جھانک کر

دیکھیں اور خود میں خوف خدا پیدا کریں کہ اللہ کی بنائی ہوئی مخلوق سے رنگ و رنگت کا امتیاز برتنا گناہ کہلائے گا۔ لہٰذا جہیز اور رنگ وفرسودہ رسومات سے اجتناب کریں۔ اسلامی معیارات وتہذیب کو اپنانے کی کوشش کریں۔ انشاء اللہ معاشرہ کی فلاح ہوگی۔

مسلم معاشرہ میں شادی ایک سنگین مسئلہ بنتی جارہی ہے۔ایک لڑکی کی شادی کے اخراجات کی تکمیل جوئے شیر لانے سے کم نہیں' اب ایسے عالم میں کس طرح مسلم سماج تقویت پائے گا اوران کی نسلوں کی بقاء ہو۔شادی ایک سماجی اور مذہبی ادارہ ہے تمام انسانی سماج کی بقا کا دارومدار اسی پر ہے۔ جب اس ادارہ پر جمود طاری ہوگا تو سماجی ارتقاو بقا خطرہ میں پڑ جائے گا۔ مسلم معاشرہ میں شادی جیسے ادارے کو جمود کا شکار بنادیا گیا کئی بن بیاہی اور شادی کے قابل لڑکیاں بیٹھی ہوئی ہیں اور بعض تو شادی کی حد عمر سے تجاوز کر گئیں اور بعض شادی کے انتظار میں اپنے شباب کو پار کرچکی ہیں۔ان کا حسن بکھر گیا چہروں پر جھریاں آگئیں۔شباب لوٹ کر آنے والا نہیں شادی کی عمر کا عہد واپس آنے والا نہیں ایسے میں لڑکی کے ماں باپ ہی ذمہ دار ٹھہرے وہ آج کے اس پیچیدہ دور میں رشتوں کی اہمیت کو محسوس کریں۔اور اپنی لڑکی کے لیے اولین جو رشتہ آئے اس کو قبول کرلیں۔لڑکا ہو یا لڑکی بے جا خواہشات اور فرسودہ رسومات کو بالائے طاق رکھ دیں غیر ضروری آرزوؤں کا اظہار نہ کریں۔

جہیز کی عدم تکمیل کی وجہ سے کئی لڑکیاں اپنے شباب کو پار کرچکی ہیں ان کی شادی ہونا مشکل امر بن گیا ہے۔لڑکے والے ہمیشہ کم عمر لڑکی تلاش کرتے ہیں۔ وہ یہ گمان کرتے ہیں کہ لڑکی کم عمر ہوگی تو گھر میں کام کاج کے قابل ہوگی اور خدمت گزار ثابت ہوگی۔ کام میں تھکان سستی محسوس نہیں کرے گی چست' چاق وچوبند ہوگی۔لڑکے والے لڑکے کی زیادہ عمر ہوتب بھی کمسن دوشیزہ کے لیے سرگرداں رہتے ہیں۔ایک غلط خیال بھی مسلم طبقہ میں عام ہوچلا ہے کہ کم عمر لڑکی کو جلد اولاد ہوتی ہے اس کے علاوہ کئی اور خواب نوجوان لڑکی میں دیکھنے لگتے ہیں۔ایسا تصور اسلام کے منافی ہے ہر کوئی اس طرح کی خواہش کرے گا تو اس کے نقصان اور دیگر اثرات بھی بھگتنا پڑے گا۔ایسی شادیاں بے جوڑ کہلاتی ہیں۔اگر لڑکا 40 سال کا ہوتو وہ لوگ 20 سالہ لڑکی کو ترجیح دیتے ہیں۔یہ سوچ غلط ہے۔

مسلم معاشرہ میں لڑکے والوں کے لیے شادی بیاہ میں اتنی آزادی ہے کہ وہ طرح طرح کے نت نئے طریقے سے لڑکی کو پرکھتے ہیں۔کسی کو بھی یہ توفیق نہیں کہ اسلامی طریقہ اپنائے اور شادی کو

آسان بنائے، ہر کوئی مادی فوائد کو حاصل کرنے میں سبقت لے جارہا ہے شادی کو مادی معاشی فوائد کا ذریعہ بنارہا ہے اوراس کے ذریعہ سے لڑکی والوں سے مال وزرحاصل کرنے کی فکر میں رہتا ہے۔ایسے نظریات وخیالات سے دیگراقوام میں ہماری حیثیت کیا ہوگی؟ سونا چاندی روپیہ زرتو ثانوی چیز ہے اصل زرتو لڑکی اوراس کی سیرت وکردار ہے لیکن اس کو بالائے طاق رکھ کرشادی کو تجارت بنایا جارہا ہے۔جہیز کی طلبی کی وجہ سے شادیاں تجارتی خطوط پر طئے ہورہی ہیں جس میں لڑکوں کو جہیز کے عوض خریدا جاتا ہے یہ ایک اذیت ناک اورقابل نفریں عمل ہے۔

اس سے بھی زیادہ کرب ناک پہلو یہ ہے کہ شہر کے اہل علم، عقل اور مذہبی گھرانوں میں شادی کے رسومات اور بے جا اسراف کے چرچے آج ماضی قدیم میں شہزادوں کی شادیوں کے قصوں کوشرمارہے ہیں۔حد یہ کہ ایک مذہبی گھرانے کی شادی میں خاتون ویٹرس کورکھا گیا تھا۔کیا یہی ہمارے اخلاق و آداب اورشرافت کے معیارات ہیں؟ لوگ علماء وفضلاء اور اہل ثروت کی شادیوں میں شرکت کو باعث فخراورناز سمجھتے ہیں۔اورمزے لے لے کرشاندعوت اور وہاں سربراہ کے گئے

ابن مریم ہوا کرے کوئی
میرے دکھ کی دوا کرے کوئی

❖❖❖

41. سابرمتی کے سنت نے تو کردیا کمال

دنیا کے ممالک کی سماجی سیاسی تاریخ کا جائزہ لیں تو ہمیں اندازہ ہوتا ہے کہ سماجی تبدیلیوں و اصلاحات کے زیراثر سیاسی تصورات فروغ پاتے ہیں۔اور سیاسی جماعتوں وتحریکات کا احیاء عمل میں آتا ہے۔1885ء سے پہلے ہندوستانی سماج میں چند ایسے مصلحین قوم مل جاتے ہیں جنہوں نے سماج کی اصلاح میں کلیدی رول ادا کیا۔سرسید احمد خاں، راجہ رام موہن رائے، سوامی دیانند سرسوتی نے ایشیائک سوسائٹی، برہموسماج، آریہ سماج کی بنیاد ڈالی۔ان کے پیش نظر سماج کی اصلاح تھی۔سماجی اصلاحات سماج کا ماحول تھا۔1857ء کے بعد ہندوستانیوں کی حالت دگرگوں ہوگئی۔ان کی سماجی، معاشی، سیاسی بساط الٹ گئی، رہی سہی کسر1858ء میں مکمل ختم ہوگئی۔سیاست ومملکت اور اقتدار انگریزوں کے ہاتھوں میں چلا گیا۔ہندوستانی نہتے رہ گئے۔کوئی پرسان حال نہیں جب قومیں تباہ ہوجاتی ہیں تو انقلابات رونما ہوتے ہیں۔تو قوم میں مسیحا بنکر ابھرنے والی شخصیتوں کا یہ خاصہ ہوتا ہے کہ وہ اپنے ذہن سے دوررس نتائج اخذ کرلیتے ہیں۔لیکن ہندوستانیوں کی ہمدردی وسیاسی مدد واعانت کے لیے انگریز قوم سے قائد ابھر کر سامنے آیا۔A.O Hume نے ہندوستانیوں کی سیاسی مدد کے لیے1885ء میں انڈین نیشنل کانگریس قائم کی۔ بدرالدین طیب جی، W.C.Benergy وغیرہ نے جماعت کی صدارت کے فرائض انجام دیئے۔حالات بڑے صبر آزما تھے۔ایسے حالات میں مہاتما گاندھی کی پیدائش ہندوستان کے لیے نیک شگون عمل تھا۔گاندھی جی 2اکتوبر1869ء کو گجرات کے ایک گاؤں پور بندر میں پیدا ہوئے۔بچپن میں

حالات کچھ نرالے سے تھے۔ بچپن ہی سے متانت وسنجیدگی کے آثار دکھائی دیتے تھے۔ اسکول کے دور کی مثال ہے کہ ایک مرتبہ امتحان ہال میں نگران کار نے گاندھی جی کو نقل کرنے کی تاکید کی لیکن وہ ایسے عمل سے باز رہے۔ گاندھی جی نے اپنی بنیادی تعلیم پور بندر میں حاصل کی۔ بنیادی تعلیم کے تکمیل کے بعد وہ BAR کی تعلیم کے لیےلندن روانہ ہوئے واپسی پر ممبئی وراجکوٹ میں وکالت کرتے رہے۔1893ء میں جنوبی آفریقہ کا دورہ کیا۔ یہاں پر مختلف ناانصافیوں کے خلاف آواز اٹھائی۔ انسانوں میں امتیازات رنگ ونسل کی بنیاد پر منافرت کا احساس آفریقہ میں پیدا ہوگیا۔نسلی تعصب اپنے عروج پر تھا۔ یہاں تک کہ گاندھی کو ریل کے فرسٹ کلاس کوچ سے نکال باہر کیا گیا۔ گاندھی کی آفریقہ کو روانگی میں گجرات کے ایک تاجر عبدالرحمٰن کا اہم رول رہا ہے۔ گاندھی نے سماجی ناانصافیوں کے خلاف آفریقہ میں احتجاج شروع کردیا۔ ستیہ گرہ کو سیول نافرمانی کی صورت میں جنوبی آفریقہ میں شروع کیا۔1915ء میں ہندوستان واپس آکر چمپارن ستیہ گرہ، عدم تعاون تحریک، ڈنڈی مارچ، سیول نافرمانی اور ہندوستان چھوڑ دو تحریک شروع کیا۔ مختلف وقتوں کی یہ تحریکیں اپنا اثر دکھاتی رہیں۔ اور قوم میں تحریک پیدا کی۔ لوگ جدوجہد آزادی کے لیے جوق در جوق انڈین نیشنل کانگریس کے تحت جمع ہونا شروع ہوئے۔ مختلف طبقات وقوموں کے اجتماع سے ہندوستان کو آزادی نصیب ہوئی۔ ان تمام سیاسی تحریکات کے علاوہ گاندھی کو شہرت دوام عطا کرنے میں ان کے فلسفہ سچائی وعدم تشدد کو بہت بڑی اہمیت حاصل ہے۔ ان ہی نظریات کی بناء پر گاندھی جی دنیا میں شہرت ومقبولیت کی بلندیوں پر پہنچ گئے۔ حالانکہ دونوں صفات ابدی ہیں۔ آج دنیا امن وآشتی کے لیے ترس رہی ہے۔ دہشت گردی کا قلع قمع کرنے کے لیے عالمی سطح پر عالمی برادری بھی کوشاں ہے۔ اہنسا انسانیت کی بقاء کے لیے ضروری ہے۔ عدم تشدد ہی ایسا ہتھیار رہے جس پر سیاست مملکت اور سماجی بقاء کا دارومدار ہے۔ اور انسانیت کے تقاضے بھی عدم تشدد سے طئے پاتے ہیں۔ عدم تشدد ہی سے قوموں کا عروج وابستہ ہے۔ یہی دونوں نظریات گاندھی کو بابائے قوم کا لقب عطا کئے ہیں۔ اور Great Soul کا لقب بھی اسی بناء پر ملا ہے۔ دنیا اور عالمی برادری امن کے لیے کوشاں ہے۔ علاقائی دہشت گردی اور عالمی دہشت گردی کے انسداد کے لیے امریکہ کوشش میں لگا ہوا ہے۔ لیکن وہ خود میں جھانک کر دیکھنا نہیں چاہتا۔ سماجی نظام کی کیا کیا خرابیاں ہیں معاشرتی اور سماجی اقدار کا مغربی مما لک میں کیا معیار ہے۔ دہشت گردی بھی تشدد کا ارتقائی روپ ہے۔ اور ہر کوئی اس ترقی یافتہ روپ سے پریشان ہے۔ ہر ملک تشدد کے محرکات پر غور کرے۔

گاندھی جی کا فلسفہ عدم تشدد صرف آزادی کے لیے نہیں تھا بلکہ وہ تمام ممالک کے لیے ہے جو اخلاقی اقدار کو سیاست میں ملانا نہیں چاہتے۔ حالانکہ اخلاقی سیاست سے ہی ملک وقوم ترقی کے زینے طئے کرتی ہے۔ لیکن تشدد سے اخلاق کو وحشت ہوتی ہے۔ اس لیے گاندھی جی نے عدم تشدد کے پیغام کو دنیا تک پہچانے کی کوشش کی۔ سچائی اور عدم تشدد کے فلسفہ نے عالمی سطح پر گاندھی جی کو نمایاں مقام عطا کیا۔ ہر سال 2 اکتوبر کو گاندھی جی کا یوم پیدائش منایا جاتا ہے۔ اس دن جلسے جلوس میٹنگ منعقد کئے جاتے ہیں۔ ان کے تعلق سے مثبت انداز میں کچھ نہ کچھ بلکہ بہت کچھ کہا جاتا ہے۔ لیکن ان کی تعلیمات پر نئی نسل کہاں تک عمل پیرا ہے۔ ایسے عمل سے ہم اپنے قومی قائدین و دانشوروں کا احترام کرنے کے بجائے ان پر نکتہ چینی کرتے ہیں۔ سوامی راما کرشنا' پرماہنسا' ڈاکٹر سروے پلی رادھا کرشنا' بابو راجندر پرساد' ڈاکٹر امبیڈکر' گاندھی جی' ابوالکلام آزاد' نہرو وغیرہ کے فلسفے اور نظریات سے ملک کو ایک نیا سیاسی موڑ ملا۔ گاندھی جی نہرو اور مولانا ابوالکلام آزاد کے افکار و سیاسی نظریات سے ہندوستان کی تعمیر نو ہوئی جس کے سبب یہ لوگ نئے ہندوستان کے معمار کہلاتے ہیں۔ گاندھی جی خود ظلم سہتے تھے لیکن دوسروں پر ظلم ہوتا دیکھ نہیں سکتے تھے۔ ان کی جانب سے جتنے بھی تحریکات آندولن چلائے گئے اس سے امن کا پہلو نکل آتا ہے۔ خود ان کے دیرینہ اور بے مثال فلسفہ عدم تشدد کا اتنا پرچار ہوا کہ آج مغربی ممالک اور مشرقی ممالک اس کی تقلید کرنے لگے ہیں۔ بہر حال عدم تشدد کے فلسفہ کی دنیا کو ضرورت ہے۔ عالمی برادری اور مغربی اقوام اس نکتہ پر نیک نیتی سے عمل پیرا ہوں تو انسانیت ترقی کرے گی۔ اور انسانوں کے حق میں بھلائی کا باعث ہوگا۔ ان ہی صفات کی بناء پر یہ کہیں تو بے جا نہ ہوگا کہ گاندھی جی سابرمتی کے سنت نے ایسا کمال کر دیا کہ دنیا عدم تشدد کی متلاشی و متمنی ہوگئی۔ اور ہندوستان کے لیے باپو بابائے قوم کہلانے لگے۔

پھلا پھولا رہے یارب چمن میری امیدوں کا
جگر کا خون دے دے کر یہ بوٹے میں نے پالے ہیں
(اقبالؔ)

❖❖❖

42. آزادئ ہند اور ہماری ذمہ داریاں

جب سے اقوام میں شعور اجاگر ہونے لگا تب سے دنیا مہذب کہلانے لگی ہے۔ بادشاہت و شہنشاہیت میں عوام تابع رہتے ہیں اور مرکز نگاہ بادشاہ ہوتا ہے۔ مطلق العنان حکومت میں فرد کو ذہنی آزادی نصیب نہیں۔ نو آبادیت کے ماحول میں بھی عوام کو وہ آزادیاں نصیب نہیں ہوتیں جو جمہوری نظام میں حاصل ہوتی ہیں۔ امریکہ بھی ایک زمانے میں ایک برطانیہ کے تابع تھا۔ یہاں کی عوام میں بتدریج سیاسی شعور اجاگر ہوا اور اپنی علحدہ شناخت بنانے کے لیے جستجو کئے اور آزاد ہو گئے جب ہم ایشیائی ممالک کا جائزہ لیتے ہیں تو یہ بات سامنے آتی ہے کہ یہاں کے بیشتر ممالک بھی غلامی کی زندگی گزار رہے تھے۔ ان میں ہندوستان بھی قابل ذکر ہے۔

ہندوستان صدیوں سے ہمہ مذہبی اور ہمہ تہذیبی ملک رہا ہے۔ مسلمانوں کی آمد سے ایک مشترکہ تہذیب جنم لے رہی تھی۔ ہندوستانی اور اسلامی قدروں کا میل ملاپ وارتباط ہو رہا تھا۔ اور ہندو مسلم راجاؤں بادشاہوں کی سلطنت رہی لیکن اس دور میں ہندوستانی تہذیب وتمدن کو فروغ عطا ہوا۔ یوں تو ہندوستان میں سیاسی اعتبار سے باقاعدہ آزادی کا شعور 1857ء میں اجاگر ہوا۔ لیکن اس سے قبل 1757ء میں جنگ پلاسی ہوئی اور 1799ء میں ٹیپو سلطان انگریزوں سے لڑتے ہوئے شہید ہوئے۔ 1857ء میں غدر کے نام سے ہندوستانیوں اور انگریزوں میں زبردست لڑائی ہوئی اس کی وجوہات کچھ بھی ہوں، فوجیوں میں بے چینی کا نتیجہ ہو یا مذہبی بے چینی ہو آخر کار غدر رونما ہوا۔ غدر میں ہندوستانیوں

خاص کر مسلمانوں کے علماء طبقہ کو اذیت ناک سزائیں دی گئیں۔مسلمانوں کا چن چن کر قتل کیا گیا۔ انگریزوں نے انتقام لیا۔ 1885ء میں انگریز نژاد آفیسر A.O.Hune نے انڈین نیشنل کانگریس قائم کی تھی۔ 1857ء سے 1947ء کا دور جدوجہد آزادی کا دور کہلاتا ہے۔اس دور میں آزادی کی تحریکات کو تقویت دینے میں مہاتما گاندھی' پنڈت جواہر لال نہرو' مولانا ابوالکلام آزاد' علی برادران' اعتدال پسند گروپ اور انتہا پسند گروپ' ادیب' قلم کار' مصنفین نے جدوجہد آزادی میں جوش ولولہ پیدا کرنے کی بھرپور کوشش کی۔ مولانا حسرت موہانی ہو کہ فیض احمد خاں فیض' تمام طبقات جی جان سے آزادی کی تحریکات میں حصہ لیتے رہے ان ادیبوں وراہنماؤں کی کاوشوں' جانی ومالی قربانیوں کے بعد ملک آزاد ہوا۔ اجتماعی کوششوں کی بدولت ہی ہمیں آزادی نصیب ہوئی۔ 15/اگست 1947ء ہندوستان کے لیے مقدس واہم تصور کیا جاتا ہے۔اسی دن ملک آزاد ہوا۔ انگریز ملک چھوڑ کر چلے گئے لیکن یہ بدقسمتی سمجھئے کہ 14/اگست کو پاکستان وجود میں آیا اور برصغیر کے دو ٹکڑے ہوئے۔ ایسا عمل قومی المیہ سے کم نہیں۔ تقسیم سیاسی تھی لیکن تہذیب اور معاشرہ ایک جیسا ہے۔ دل ایک ہیں۔ سیاسی حدیں بندشیں عائد کر رہی ہے ورنہ آج بھی ملک ایک ہے کہانیاں الگ الگ بن گئیں۔ بہرحال آزادی نصیب ہوئی۔ 1950ء میں ڈاکٹر بھیم راؤ امبیڈکر اور بابو راجندر پرساد کی کاوشوں وکوششوں سے دستور کا نفاذ عمل میں آیا۔ ہمارا دستور لچک دار اور تحریری ہے دنیا کے دساتیر کی مطالعہ کے بعد مدون ہوا ہے۔اس میں ہر ملک کے دستور کی آمیزش پائی جاتی ہے اسلامی دستور کی جھلکیاں بھی ملتی ہیں۔ مساوات کا حق' اظہار خیال کا حق اور بنیادی حقوق اسلام سے راست وابستگی کا موجب ہیں۔ پہلے پہل 395 دفعات اور آٹھ شیڈول تھے۔ بتدریج مختلف امور سے متعلق ترمیمات ہوتی رہی اور آج تک 104 ترمیمات ہوئی ہیں۔ زمانے کے تقاضوں کے لحاظ سے ترمیمات ہو رہی ہیں' ہندوستان نے بڑی مشکلوں ومصائب کا سامنا کرنے کے بعد آزادی حاصل کی۔ لیکن سوال یہ پیدا ہوتا ہے کہ کیا ہم آزادی کے ثمرات سے فائدہ حاصل کر رہے ہیں یا کس مقصد کے تحت ہم نے آزادی حاصل کی ہے۔ متحدہ طور پر آزادی کے لیے جدوجہد کا مقصد ومنشا یہی تھا کہ مابعد آزادی ہم ہندوستانی مل جل کر زندگی گزاریں۔ معاشی' تہذیبی اور سماجی شعبوں میں تمام طبقات کا موقف یکساں ہو معاشرہ میں ہر فرد کے ساتھ انصاف کیا جائے۔ سرکاری ملازمتوں' حکومتی اداروں اور قانون ساز اداروں میں سماج کے تمام طبقات کی نمائندگی ہو۔ قومی یکجہتی پروان چڑھے۔ متحدہ قومیت کو فروغ حاصل ہو۔ بقائے باہم کے جذبات عام ہوں۔ ایک دوسرے کا احترام وعزت کا خیال رہے۔

فرقہ پرستی کو جڑ سے اکھاڑ پھینکیں۔لسانی تعصبیت سے دور رہیں ہر کسی کا خیال رکھیں۔اندرونی خلفشار و انتشار کا خاتمہ ہو۔دہشت گردی کی بیخ کنی ہو۔کسی ایک طبقہ کو بے جا دانستہ رسوا و بدنام نہ کریں۔دستور‘ قانون اور آئینی اداروں کا احترام کریں۔اظہار خیال کی آزادی کا بے جا استعمال نہ کریں۔مذکورہ بالا تمام تقاضوں کے علاوہ جمہوریت میں عوام کی اہمیت ہوتی ہے۔عوامی تکالیف اور مصائب کے انسداد کے لیے کام کریں۔عوامی و جمہوری ترقی سے ہی دستور اور جمہوریت کی بقا ہوگی۔لیکن ہندوستان اس کے برعکس تصویر پیش کر رہا ہے۔مختلف اسکام‘اسکینڈل‘ رشوت ستانی‘ چور بازاری‘ گھٹالے‘بدعنوانی‘ بے ایمانی وغیرہ سے سماجی سطح پر ہندوستان کوئی مسائل کا سامنا ہے۔فرقہ وارانہ فسادات‘ دہشت گردی‘اندرونی انتشار اور سرحدی تنازعات‘ خشک سالی وغیرہ ایسے مسائل کے انسداد سے ہندوستانیوں کو سچی و حقیقی آزادی کا لطف میسر آئے گا۔ہمارے اسلاف کے روایات و بےلوث جذبوں کا اعادہ کرنا ہوگا۔ایسے نیک جذبوں کو لاگو کرنا ہوگا۔جس سے معاشرہ وسماج کی نیک نامی ہو سکے۔اگر اس طرح کے روایتی مسائل میں ہندوستان ملوث ومبتلا رہے گا تو بقول فیضؔ۔

یہ داغ داغ اجال یہ شب گزیدہ سحر
جس کا انتظار تھا یہ وہ سحر تو نہیں

آزادی کی شکل میں ہندوستان کو روشنی و اجالا تو ملا ہے۔آج ساٹھ برسوں بعد بھی ان گنت سماجی‘ سیاسی مسائل و برائیوں کی وجہ سے اجالا داغ داغ محسوس ہو رہا ہے ان داغوں کو ختم کرنا ہوگا۔خالص اجالے سے ہندوستان تاباں ہوگا۔

❖❖❖

43. ایک خواب سا دیکھا ہے

جب ہمارا ملک خود مکتفی بن جائے گا تو عالمی معاشی طاقت اس کے پاس ہوگی۔ ہندوستان معاشی، سیاسی اور تعلیمی لحاظ سے اپنا ایک خاص مقام حاصل کرسکتا ہے بشرطیکہ وہ اپنے وسائل کا مناسب استعمال کرے۔ قدرتی وسائل سے مالا مال ملک کے لیے اس طرح ترقی پذیر کہلانا کوئی معنی نہیں رکھتا۔ ترقی یافتہ اور سوپر پاور بننے کے لیے اور 2020ء تک ٹارگٹ کو مکمل کرنے کے لیے مختلف اسباب اور امور پر غور و فکر کرکے حل ڈھونڈ نکالنے کی کوشش کی جانی چاہیے۔

ہندوستان جغرفیائی لحاظ سے اور رقبے کے اعتبار سے دنیا میں ساتواں مقام رکھتا ہے اور آبادی کے لحاظ سے چین کے بعد ہندوستان کا نمبر ہے۔ ایک وسیع و عریض ملک ہونے کے باوجود وسائل کی کمی نہیں، چنانچہ معاشی لحاظ سے برتری کے لیے وسائل کا صحیح استعمال ناگزیر ہے۔ ہمارا ملک عالمی لیڈر بن کر اقوام کو ترقی کی راہ پر گامزن کرسکتا ہے۔

ہندوستان کی معیشت کا دارومدار زراعت پر ہے، زراعت و زرعی سرگرمیوں میں انقلابی تبدیلیاں آنی چاہئیں اور جدید ٹکنالوجی جو زراعت سے مربوط ہے اس کے استعمال کی کسانوں کو ترغیب دی جائے۔ زراعت میں جدید ٹکنالوجی کے عدم استعمال سے ہماری معیشت و معاشی حالت کمزور بنتی جارہی ہے۔ 2020ء کے خواب کو پورا کرنے کے لیے زرعی ٹکنالوجی اور سائنٹفک طریقہ کار کو اپنانا ہوگا۔ زراعت میں نت نئے انقلابات ہی سے ملک مستحکم ہوگا اور قومیں خوش حال زندگی گزاریں گی۔

عالمیانے کے اس دور میں ہندوستان کو صنعتی دنیا میں کئی چیلنجوں کا سامنا ہے، چھوٹے پیمانے کی صنعتوں کا نٹ ورک ابھی سے شروع کر دینا چاہیے تا کہ معاشی فوائد عام طبقات تک پہنچ سکیں۔ بڑی صنعتوں سے صرف سرمایہ داروں کو فائدہ پہنچ سکتا ہے۔ ہمیں شعبۂ طب، لوہے اور فولاد کی صنعتوں کو فروغ دینے کے ساتھ عصری ٹکنالوجی سے استفادہ کرنا چاہیے۔ قوم کی ترقی میں سائنس اور ٹکنالوجی کا اہم رول ہوتا ہے۔ عصری سائنس و ٹکنالوجی، قوم کی ترقی کے لیے اہمیت کی حامل ہوتی ہے۔ ہندوستان میں عوامی زندگی میں عصری ٹکنالوجی سے استفادہ کے لیے بیداری پیدا کرنا چاہیے۔

عوام کو ملازمت کے مواقع کے لیے زراعت، صنعتوں اور فوڈ پروسسنگ میں صحت مندانہ انقلاب لانا ہوگا۔ این آر آئیز سرمایہ کاری کریں تا کہ ملک معاشی طور پر خود مکتفی ہو۔ اس کے علاوہ ملک کو دفاعی اعتبار سے مضبوط بنانے کے لیے جدید ٹکنالوجی سے مربوط آلات تیار کئے جائیں۔ آٹمک پاور اور میزائل ٹکنالوجی کو فوقیت دی جائے۔ سرحد کی حفاظت کے لیے خلائی سائنس اور سیٹیلائٹ ٹکنالوجی سے استفادہ کیا جائے۔ کسانوں کو وقتاً فوقتاً موسم کی کیفیات، مارکٹ و قیمت سے واقفیت دلائی جائے۔ واٹر مینجمنٹ کے لیے لازمی ہے کہ وہ دریاؤں کے پانی کو ڈیم بنا کر ذخیرہ کر لیں تا کہ ایک قطرہ پانی بھی سمندر میں نہ مل سکے اور ضائع نہ ہونے پائے۔ ہندوستانی تعلیمی نظام میں آئی آئی ٹی ایس، اے آئی ایس اور جامعات کی تعلیم کو ثمر آور بنائیں اور ہر ایک کو تعلیم یافتہ بنا کر اس کے فوائد سے استفادہ کریں۔ جب ہم ان تمام شعبوں پر دسترس حاصل کریں گے تب ہی ہمارا 2020ء کا خواب شرمندۂ تعبیر ہوگا۔

❖❖❖

44. کوئی اندازہ کر سکتا ہے اس کے زور بازو کا

علامہ اقبال اردو زبان و ادب کے نہ صرف شاعر بلکہ قوم و ملت کے عظیم دانشور کہلاتے ہیں۔ انھوں نے اپنی شاعری کا محور اسلام اور انسانیت کو بنایا تھا۔ ان کے اشعار کا مخاطب انسان ہوتا ہے اس کے علاوہ وہ مومن و مرد مومن کی صفات کو بھی بیان کرتے ہیں۔ دنیا میں جتنے مذاہب ہیں سب کا حاصل انسانیت کی بقا ہے اور اخلاقی و روحانی اقدار کا فروغ ہے۔ کوئی مذہب دہشت گردی کی تعلیم نہیں دیتا بلکہ امن و شانتی کو برقرار رکھنے کے لیے کوشاں رہتا ہے۔ اسلام کے معنوں میں امن بھی ایک معنی ہے۔ قوم و ملت اور فرد واحد کی محفوظ و مامون سلامتی کے لیے دعا ہے۔ اسلام ایک ایسا مذہب ہے جس میں خیر و نیکی کے اقدار بہت زیادہ ہیں۔ راستے سے پتھر اور کانٹا صاف کرنے پر ثواب و نیکیاں ملتی ہیں کسی کو پانی پلانے پر اجر ملے گا۔ انسانیت کی خدمت ثواب و خیر کا موجب بنے گا۔ اسلام پر عمل پیرا لوگ پورے عالم میں مل جائیں گے۔ امت واحدہ کے تقاضے ایک اور مذہبی طریقے و تقاضے ایک، لیکن ان میں اتحاد کا فقدان ہے۔ آج ہم مسلک کے نام پر تفرقہ میں پڑے ہوئے ہیں۔ سیاسی، سماجی اور معاشرتی اتحاد کہاں؟ ہم میں ملکی اور عالمی سطح کا اتحاد ضروری ہے اور وقت و حالات کا تقاضہ بھی ہے۔

علامہ اقبال کو اسلام کی عظمت رفتہ کا شدید احساس تھا ویسے ہمارے اکابرین ملت و دانشوران قوم کا بھی احساس ہے کہ کیا تھے اور کیا ہو گئے؟ ماضی میں لوگ اسلام میں مکمل طور پر داخل ہو کر اسلام کی

وسعت وکشادگی کا کام کرتے رہے اور پہلے مسلمان اسلامی کردار کا حامل ہوتا تھا اور آج بھی ہمیں چاہیے کہ ہم اسلامی تہذیب کو اپنا لیں۔ اسلامی اخلاقیات وقدروں کے امین بن جائیں۔ پورا معاشرہ اسلامی تہذیب وتمدن کا پیکر بن جائے۔ نئی نسل اسلام و اسلامی تعلیمات سے دور ہوتی جارہی ہے۔ ان کی اسلامی پس منظر میں اور تہذیب میں تربیت ہونی چاہیے۔ معاشی واقتصادی کمزوری کے باوجود اسلام پر عمل پیرا رہیں بلکہ اس پر خلوص نیت کے ساتھ رہیں۔ اسلام کے ماضی، حال اور مستقبل پر نظر رکھتے ہوئے حالی نے مسدس لکھی اور قوم وملت کو آئینہ دکھایا کہ مسلمان کیا تھے اور کیا ہوگئے یعنی ماضی کے مسلمان نے اپنے علوم وفنون اور کردار کے ذریعہ کائنات کو تسخیر کیا تھا۔ یہ سب علوم وفنون پر عبور رکھنے کا نتیجہ تھا اور کردار سے نہ صرف سماجی ترقی بلکہ مذہب کی توسیع یوروپی ممالک تک ہوچکی تھی۔

عالمی سطح پر مسلمانوں کے موقف کا جائزہ لیں۔ مسلمان ہر شعبہ میں بہت پستی کا شکار ہیں۔ سائنس وٹکنالوجی کا نام ونشان نہیں۔ ریاضی، علم ہیئت، اجرام فلکی اور خلائی سائنس ودیگر شعبوں میں ہماری نمائندگی صفر کے برابر ہے۔ قومی وملکی سطح پر بھی مختلف عصری شعبوں میں ہماری نمائندگی کا تناسب کتنا ہے؟

اس سے اندازہ ہوتا ہے کہ مسلمانوں میں عصری علوم وفنون کے فقدان کی وجہ سے دیگر ترقی میں پستی کا شکار ہیں۔ بقول اقبال یہ امت خرافات میں کھوگئی ہے۔ ہم میں نام ونمود ایک فیشن بن گیا ہے۔ ہم حقیر مقاصد کے لیے مرمٹ رہے ہیں۔ عالمی سطح پر سیاسی مرعوبیت ہمارا مقدر بن گئی ہے۔ قدرتی وسائل سے مالا مال ملک بھی یوروپ وامریکہ کا محتاج ہوگیا۔ محض سائنس وٹکنالوجی کی کمی سے ہم دوسروں کے محتاج بن گئے۔ سعودی عرب یا دیگر خلیجی ممالک ہوں یا اسلامی ممالک سب مغربی ممالک کے محتاج ہیں۔ ماضی کا مسلمان علم وتعلیم اور قرآن کی تعلیمات پر عمل پیرا ہوکر دنیا وکائنات پر غلبہ حاصل کرنا چاہتا تھا لیکن آج کا مسلمان تعلیمی وعلمی کم مائیگی کا مرثیہ پڑھ رہا ہے۔ عالمی اور قومی سطح پر کوئی رہبر نہیں ملتا اور نہ ہمدرد رہنما ہے۔ رہبر، رہزن بن رہے ہیں۔ قوموں کا استحصال کررہے ہیں۔ قوم کو ملکی و عالمی سطح پر ایک مسیحا کی ضرورت ہے جو تعلیم کو مسلمانوں میں عام کرسکے۔ خاص کر عصری تعلیم سے بہرور کریں۔ وہی قومیں ترقی حاصل کرسکتی ہیں جو عصری ماحول میں مروج تعلیم کو زندگی کا شعار بنائیں۔ عصری تعلیمی ماحول میں مسلمان نسل اجنبی بن کر رہ گئی ہے۔ عصری تعلیم اتنی مہنگی ہوگئی ہے کہ مسلمانوں کی اقتصادی حالت ساتھ نہیں دے سکتی کہ وہ عصری تعلیم حاصل کریں۔ ایسے میں سماجی مصلح اور قومی قائدین کو منصوبے بنانا ہوگا تا کہ ملک کی مسلم اقلیت بھی عصری تعلیم کے ثمرات سے استفادہ کرسکے۔

شاعر کی نگاہ بھی بڑی دوررس نکلی۔انھوں نے کہا کہ' کوئی اندازہ کرسکتا اس کے زور بازو کا'ضمیر کا اشارہ شاعری میں حسن پیدا کرتا ہے مسلمان کو معنون کر کے کہتا ہے کہ مسلمان بڑی طاقت بن سکتے ہیں۔ سیادت' قیادت' نیابت اور حکومت کے منصب پر پہنچ سکتے ہیں۔شرط یہ ہے کہ وہ صلاحیت وقابلیت پیدا کریں۔جس سے ہم دنیا کو تسخیر کرسکتے ہیں۔آج سب مناصب ہم سے دور ہوگئے تو اس کی وجوہات بہت کچھ ہیں۔لیکن ہمیں چاہیے کہ ملکی سطح پر ہو یا عالمی سطح پر اگر ترقی حاصل کرنا اور کھویا ہوا مقام ومرتبہ حاصل کرنا ہوتو تعلیم کو زندگی کا جزولاینفک بنائیں اور اعلیٰ تعلیم سے عمدہ درجات حاصل کریں۔تحقیق' ایجادات انکشافات کی اعلیٰ وارفع منزلوں تک پہنچیں اور اسلامی اصولوں وتہذیب پر پوری طرح اتریں تو انشاءاللہ نگاہ مردمومن سے بدل جائیں گی تقدیریں اور یہی مومن مغربی ومشرقی ممالک کی باگ ڈور اپنے ہاتھ میں لے گا۔دنیا کی سیادت' نیابت وقیادت مومن کے ہاتھوں میں ہوگی اور اقبال کا خواب جو انھوں نے شاعری کے ذریعہ پیش کیا وہ پورا ہوگا۔ ؎

کوئی اندازہ کرسکتا ہے اس کے زور بازوں کا
نگاہ مردمومن سے بدل جاتی ہیں تقدیریں

❖❖❖

مصنف بہ ایک نظر

نام	:	محمد ناظم علی
قلمی نام	:	محمد ناظم علی
ولدیت	:	محمد خواجہ علی صاحب
سن پیدائش	:	جنوری 1958ء
مقام پیدائش	:	برہمن واڑی' بیرون یاقوت پورہ' حیدرآباد۔ 23
تعلیم	:	ایم۔اے۔حیدرآباد سنٹرل یونیورسٹی۔ 1983ء
		ایم۔فل۔حیدرآباد سنٹرل یونیورسٹی۔ 1985ء
		(موضوع: حیدرآباد کے ادبی رسائل آزادی کے بعد)
ملازمت	:	جز وقتی لکچرار۔مدھو مالنچہ ڈگری کالج' بلال شکر نگر۔ 1985ء تا 1987ء
ہمہ وقتی تقرر	:	بہ حیثیت لکچرار منجانب آندھرا پردیش پبلک سروس کمیشن حیدرآباد 1987ء
		ناگر جنا گورنمنٹ کالج نلگنڈہ۔ 1987ء تا 1991ء
		گری راج گورنمنٹ ڈگری کالج نظام آباد۔ 1991ء سے تا حال
مشاغل	:	کتب بینی' رسائل' جرائد و روزنامے پڑھنا'
		معاشرتی' سماجی و ادبی مضامین لکھنا

ادبی زندگی کا آغاز : 1980ء

تصانیف : آئینۂ عصر 2005ء نصاب پبلیشرس، حیدرآباد۔59

اعزازات : JRF‘NET امتحان کامیاب (UGC,New Delhi)۔1986ء

بسٹ ٹیچر ایوارڈ۔اردو اکیڈیمی آندھراپردیش۔حیدرآباد 1991ء

☆☆☆

ڈاکٹر محمد ناظم علی

کی تصنیف

حیدرآباد کے ادبی رسائل

(آزادی کے بعد سے حال تک)

شائع ہو چکی ہے